학습의 비밀

엉터리 가르침과
배움을 넘어
교육의 본질 찾기

학습의 비밀

스즈키 히로아키 지음
주동진 옮김

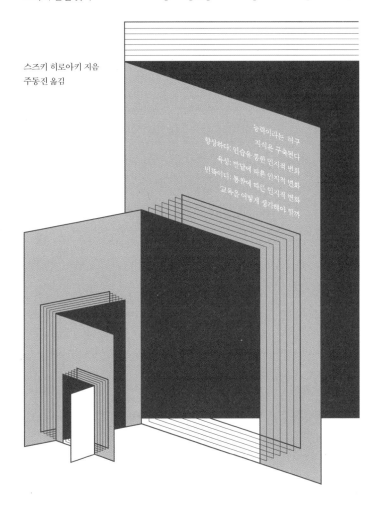

능력이라는 허구
지식은 구축된다
향상하다: 연습을 통한 인지적 변화
육성: 반달에 따른 인지적 변화
번뜩이다: 통찰에 따른 인지적 변화
교육을 어떻게 생각해야 할까

여문책

역자는 일본에서 대학을 졸업했고 성균관대학교에서 정치학 박사학위를 취득해 현재 연구원 생활과 강의를 병행하고 있다. 그리고 국내에 소개되지 않은 일본 책들 가운데 유용한 책을 번역하고 싶은 차에 이 책을 만나게 되었다. 이 책은 심리학과 교육학의 측면에서 큰 사회적 반향을 불러일으킬 수 있다. 지금까지 일방적으로 의지한 채 막연히 받아들이던 교육 시스템과 교육에 대한 가치관에 큰 균열을 일으킬 수 있기 때문이다. 특히 저자가 소개하는 다양한 실험과 이론은 전문적인 영역뿐만 아니라 일상생활에도 충분히 적용할 수 있는 점이 많다. 우리에게 영향을 끼치는 수많은 고정관념과 선입관을 생각해보자. 저자는 이런 틀에 균열을 일으키기 위한 쐐기를 제공해준다. 현재 우리는 사교육에 대한 피곤함, 불안감, 초조함 등에 맞서서 우리가 어떻게 생각해야 하고 의식해야 하며 행동해야 하는지를 뒤돌아볼 필요가 있다. 그리고 이를 위한 지식적 욕구와 그에 합당한 지침서에 목말라 있다. 여기에는 다양한 지침서가 포함될 수 있으며, 이 책은 우리의 무의식과 심리적 측면에서 우리의 발걸음에 날개를 달아줄 수 있다. 이 책을 통해 역자가 느낀 신선한 지적 충격과 자극을 독자 여러분이 함께 공유하길 기대한다.

이 책은 일반적인 인문교양서와는 성격이 약간 다르다. 실제로 이 책은 구체적이고 전문적인 학술정보와 다양한 실험 데이터를 근거로 제시하며 추상적인 형태의 주장에서 벗어나려고 끊임없이 노력한다. 이에 전문적인 학술정보에 익숙하지 않은 독자에게는 다소 어색하게 느껴질 수 있는 대목이 중간중간 나타난다. 또한 빠르게 읽어나가기 어렵고 두세 번 곱씹어야 그 깊이를 가늠할 수 있는 대목도 제법 있다. 그러나 이는 저자가 이 분야에서 40년 가까이 한 우물만을 판 고명한 학자이기에 나타나는 불가피한 부분이다. 이 책을 통해 느끼게 될 지적 쾌감과 자극을 생각하면 오히려 책값이 싸다고 생각될 정도다. 다만 심리학 특유의 딱딱하거나 익숙하지 않은 표현들 때문에 지적 자극과 신선한 충격을 함께 느껴볼 기회가 사라지지 않기만을 바랄 뿐이다.

역자가 개인적으로 좋은 책을 판가름하는 기준은 다시 읽었을 때 처음과는 다른 충격과 깊이가 느껴지는지 아닌

지에 있다. 개인적으로 책값이 아깝게 느껴지면 안 된다고 생각한다. 좋은 책은 무엇보다 여러 번 읽을 가치가 있어야 하고 차분히 생각하며 곱씹을 여지가 많아야 한다고 생각한다. 어떤 책이든 누구라도 단번에 그 심연까지 꿰뚫는 것은 어렵다. 특히 그 책이 흥미 위주로 금방 읽고 끝낼 책이 아닐수록 더욱더 그렇다. 역자에게는 이 책이 그렇게 다가왔고, 그렇기에 번역할 가치가 차고도 넘친다고 생각했다. 사람에 따라 이 책을 처음 읽을 때 느껴지는 바는 각양각색일 것이다. 그러나 만약 다시 읽게 된다면 누구든 처음보다 신선한 충격과 자극을 느끼게 될 것이다. 이 점만큼은 분명하다. 그리고 역자가 생각하는 이 책의 매력은 여기에 있다.

이 책의 저자 스즈키 히로아키는 1958년생으로 도쿄 대학교에서 교육학 박사학위를 받았고, 일본 아오야마 대학교에서 교수로 재직하다가 안타깝게도 2023년 3월에 타계했다. 그래서 이 책은 의도치 않게 그의 유작이 되어버렸다. 생전에 그는 일본 인지과학회 회장을 역임하고 주로 인지과학 분야에서 사고·학습과 관련해 '창발'과정의 연구에 주력했다. 이에 주로 편견, 편향, 착각, 오해, 선입관, 고정관념, 무의식 등을 다뤘다. 그는 생전에 자신의 연구와 관련된 다양한 논문과 책을 꾸준히 집필했으며, 가장 인용 수가 많은 책으로는 『유사와 사고』(개정판)가 있다. 특히 『유사와 사고』는 이 책의 출발점이자 배경이 되는 책으로 지금까지 꾸준히 개정판이 출간되고 있으며, 심리학적 이론과 실험 데이터를 좀 더 전문적으로 다루고 있다. 다시 말해 이 책은 저자가 그의 대표작을 좀 더 일상적인 차원에서 풀어낸 책이라고 평가할 수 있다. 나아가 저자가 일본 교육학계와 심리학계에서 차지하는 위상을 감안할 때 이 책에서 나타나는 '평범함 속에 의도적으로 감추어진 날카로움'을 찾는 수고를 들일 여지가 충분히 있음은 두말할 필요가 없을 것이다.

저자의 연구 분야에서 알 수 있듯이, 이 책을 관통하는 전체적인 의의와 핵심은 '고정관념과 선입관의 타파', '무의식에 대한 이해', '창발에 대한 구체적 접근'이다. 그리고 여기서 드러나는 '개선점'을 바탕으로 우리의 잘못된 '지식·학습의 전이(교육)'를 지적한다. 이와 관련해 간단히 설명하자면 다음과 같다.

첫째, 인간의 뇌는 기계와 다르다. 그렇기에 인간의 뇌는 불안정하고 불규칙하며 완벽하게 이해하는 것이 어렵다. 또한 이런 특징들 때문에 인간의 뇌는 의지하고 기댈 수 있는 규칙·질서·원칙을 찾으며 그에 따른 인식구조를 체계화·일반화한다. 문제는 이런 과정에서 '오랜 시간 유지되며 변화하지 않는' 고정관념이나 선입관이 발생하고 새로운 가능성을 발견하는 작업을 가로막는 벽이 두꺼워진다는 점이다. 이에 저자는 우리가 이미 그런 늪에 빠져 있다는 점을 설명하면서 인식의 변화(발상의 전환)가 절실하다는 점을 역설한다.

둘째, 의식의 변화는 무의식 차원에서 발생하지 않으면 안 된다. 인간이 변화하기 위해서는 표면적인 의식구조뿐만 아니라 심층적인 의식구조도 변화해야 한다. 특히 이런 변화는 인간이 의식할 수 없는 수준에서도 일어나야만 진정한 변화에 이를 수 있다. 그렇지 않다면 스스로 변화했다고 착각하거나 단순한 자기 위안에 그칠 뿐이다. 이에 저자는 무의식적 메커니즘을 설명하며 연습·발달·번뜩임에 대해 우리가 잘못 알고 있던 점들을 하나하나 지적한다. 그리고 우리가 그동안 외면하고 비난해온 지점에서 새로운 점들을 찾아내고 이를 통해 발상의 전환을 유도한다. 여기서 중요한 점은 저자가 독자에게 스스로 발상의 전환을 일으키도록 자극할 뿐 지시하지는 않는다는 점이다. 지시해서 변화가 일어났다면 그 변화는 허울에 불과하기 때문이다.

셋째, 기존의 틀에서 새로운 가능성을 탐색하기 위해서는 '흔들림과 창발'이 필요하다. 강하게 굳어진 틀에서는 안정감을 느낄 수 있지만 새로운 싹을 심을 수는 없다. 이에 저자는 흔들림을 제시하며 흔들림에는 부정적·긍정적 측면 모두 존재한다고 강조한다. 절대적인 것은 없으며 기존의 틀에 균열이 발생해야 새로운 가능성이 생겨날 수 있다고 역설하는 것이다. 여기서 저자는 이 새로운 가능성을 창발에서 찾는다. 그리고 창발을 통해 고정관념과 선입관 등을 극복해야 한다고 주장한다.

이 세 가지는 서로 연결되어 있다. 그리고 저자가 지식·학습·교육에 대해 어떻게 생각하는지를 잘 보여준다. 역자도 인문학이라는 큰 틀에서 이에 적극적으로 동의한다. 특히 저자가 1장 5절에서 언급하는 '문맥의존성'이라는 개념에 가장 많이 동의한다. 역자의 경우 정치학 이론과 관련된 강의를 진행할 때, 특정 이론과 그와 관련된 특징이나 배경을 단순하게 나열하지 않는다. 정치사와 관련해 시간의 흐름을 순차적으로 설명하고, 그 안에서 당시의 사람들이 그 시대 배경 속에서 왜 그런 이론과 사상을 탄생시켰는지, 또 왜 필요로 했는지를 설명한다. 지금의 상황과 당시의 상황은 서로 많이 다르기 때문이다. 이에 간혹 정치학 이론 수업인데도 정치사 수업인 줄 알았다고 강의평가를 남기는 학생도 꽤 많다.

하여튼 나는 학생 시절에 아쉬웠던 점을 보완한 나만의 방식으로 강의를 진행해오고 있다. 그리고 그런 경험들 속에서 문맥과 흐름의 중요성에 그 누구보다도 동의한다. 여기서 저자의 가치관과 관점에 호응할 수 있는 여지가 발생하는 것일지도 모른다. 특히 대학 강의는 교수에 따라 동일한 내용이라도 그 진행방식이 천차만별일 수 있다. 그리고 학생은 여기서 '일방적으로 제공되는' 방식에 적응해야만 한다. 나는 지금까지 시험에서 객관식 문제를 출제한 적이 없다. 그리고 자주 오픈북으로 진행한다. 그러면 내 강의를 듣는 학생은 객관식 문제에 특화되었더라도 내 방식에 적응해야만 한다. 많은 한계가 드러날 수 있기에 학생의 질문에 적극적으로 대응하기는 하지만 과연 완벽할 수 있을까 하고 매번 생각한다. 하나의 수업에는 하나의 진행방식만 적용될 수 있다. 그렇지 않으면 수업을 진행할 수 없다. 소위 말하는 '현실적 한계'다. 따라서 학생과 교수 모두 같이 노력할 필요가 있다. 저자도 이런 점을 강조한다. 그렇기에 이 책의 내용이 역자에게 더욱더 와 닿았는지도 모른다.

그러나 이렇게 생각하는 것이 비단 나뿐일까? 전혀 그렇지 않다고 생각한다. 많은 사람이 이미 비슷한 문제의식을 머릿속에 품고 있다고 본다. 다만 적극적으로 생각해보지 않았기에 문제의식으로까지 연결되지는 않고 현실에 대한 의구심 정도에 머물 때도 있으리라 생각한다. 그렇기에 특히 그런 생각을 가진 분들에게 이 책을 강하게 추천한다. 이 책은 머릿속을 맴도는 의구심들을 하나로 모아 명쾌한 문제의식으로 승화시키는 데 도움이 될 것이다. 그리고 자신을 둘러싼 환경을 새로운 시각으로 바라볼 수 있는 마음의 여유도 제공해줄 것이다.

머릿속을 떠도는 형상이 없는 대상들을 의식 위로 끌어와 개념화·구체화하고 이를 타인에게 설명하는 것은 매우 어려운 작업이다. 실제로 저자가 표현하기 어려운 미지의 영역을 평범한 영역으로 끌어내려 시도했던 노력의 흔적은 번역하는 동안 수시로 다가왔다. 역자 또한 인문학자이기에 그런 노력이 얼마나 귀중한지 잘 알고 있다. 그럼 이제 한 길을 수십 년 동안 매진한 저자의 노력에 갈채를 아끼지 않으며, 이 책의 구성을 간략하게 소개하는 것으로 그만 갈음하겠다.

이 책은 크게 머리말~2장, 3~5장, 6장의 세 부분으로 나눌 수 있다. 우선 머리말에서 2장까지는 책 전체를 관통하는 공통분모이자 근간이다. 저자의 관점과 가치관, 자주 등장하는 개념들에 대한 설명이 주로 담겼다. 그리고 현실 속의 고정관념이나 선입관에 대해 고민해보도록 자극한다. 다만 도입부치고는 내용에 깊이가 있으므로 이 책을 처음 읽을 때 그 의미를 온전히 파악하기 어려울 수도 있다. 그래서 가능하다면 끝까지 다 읽은 뒤 다시 한 번 읽어볼 것을 추천한다. 다음으로 3~5장은 구체적인 사례에 해당하며 각각 연습·발달·번뜩임이라는 인지적 변화를 중점적으로 다룬다. 그리고 그 속에서 우리가 인지하지 못해도 분명히 존재하는 무의식적 메커니즘을 의식의 수면 위로 끄집어낸다. 마지막 6장은 결론에 해당한다. 그리고 교육 현장에서 일어나는 여러 한계를 지적한다. 여기서 저자가 던지는 메시지는 명쾌하다. 우리는 보이는 만큼만 볼 수 있는데 거기에 안주하면 안 된다는 점이다. 그 외에도 참고문헌이 있는데, 번역되지 않은 일본어 자료들이 대다수다. 저자의 관점에서는 일본어가 모국어이기에 자국 언어로 된 자료들만 선별한 것이지만, 우리나라 독자의 관점에서는 대부분 번역되지 않았을뿐더러 일본어도 외국어일 뿐이다. 이에 만약 독자가 자료를 검색할 때 오류가 생길 여지를 없애기 위해 원문으로 남겨두었다. 우리말로 번역한 결과와 원문 자료가 정확히 일치하지 않을 수도 있기 때문이다. 끝으로 한마디만 덧붙이자면, 이 책을 읽는 모든 독자가 자신을 둘러싼 '가상의' 틀에서 벗어나 '자신만의' 틀을 꾸며나가기를 기원한다. '자신만의 안경'을 쓰고 가슴 펴고 당당히 걷기를 응원한다.

나를 응원하는 어머니, 연인, 가족과 특히 하늘로 먼저 떠나신 아버지께 이 책을 바칩니다.

일러두기

– 본문 속 대괄호 안의 설명은 독자의 이해를 돕기 위해 역자가 추가한 것이다.

– 이 책에는 저자가 일부러 중의적으로 쓰거나 애매하게 쓰거나 에둘러서 쓴 표현이 많이 나오는데, 이는 독자에게 생각할 여지를 남기기 위한 저자의 의도이므로 이를 번역에서 최대한 살리고자 노력했다.

– '사실物 · モノ적 지식관', '사건事 · コト적 지식관'(2장)처럼 저자가 만든 용어가 나오는데, '사건적 지식관'은 '경험적 지식관'의 의미에 가깝지만 저자가 수동적(무의식적) 의미를 강조하고자 쓴 용어이므로 그대로 살렸다.

– 원서 2장에 나오는 '장면응답성場面応答性'이라는 용어는 우리말 문맥에 맞게 '상황대응성'으로 옮겼다.

사람들은 매일의 삶 속에서 여러 가지 경험을 쌓으며 서서히 혹은 갑자기 변화한다. 처음에는 마치 바둑이나 장기를 두듯이 글자판을 하나씩 두드리던 것이 거의 의식하지 않고 자동적으로 손가락이 정확하게 두드리게 된다. 뒤뚱뒤뚱 자빠질 듯이 걷기 시작한 아이가 몇 년 지나면 마당을 신나게 뛰어다니게 된다. 문제가 풀리지 않아 몇 시간이나 악전고투하고 있었는데, 어느 순간 갑자기 그 답이 번뜩이는 경우도 있다.

이 책은 이런 인지적 변화에 작동하는 무의식적 메커니즘을 '창발創發'이라는 관점에서 검토한다. 즉, 이 책의 키워드는 인지적 변화, 무의식적 메커니즘, 창발, 이 세 가지라고 볼 수 있다. 본론에 앞서 이 세 가지의 키워드를 왜 다루는지 설명하겠다.

먼저, 인지적 변화라는 말에 대해서다. 이는 이른바 '학습'이라고 하는 것이 아닐까라고 생각하는 독자도 있을 것이다. 확실히 그렇게 말해도 좋지만, 나는 굳이 이를 피하고 있다. 학습이라고 표현하지 않는 이유는, 이 말에는 학교에서 이루어지는 고정되고 시야가 좁은 도식이 포함되어버리기 때문이다. 다시 말해 교사가 있어, 누군가가 생각한 정답을 가르치고 배우는 그런 도식 말이다(이 부분은 6장에서 자세하게 다룰 것이다).

그러나 사람은 학교와 같은 방식의 학습을 통해서만 변화하는 것은 아니다. 발달이라는 놀라운 변화는 그런 도식을 통해 결코 발생할 수 없다. 또한 번뜩임이라는 것도 사람을 크게 변화시키지만, 그것은 보통 학습이라고 불리지 않는다. 이 책에서는 이렇듯 사람에게 일어나는 다양한 변화를 통일적으로 다루기로 한다. 그래서 학습이 아니라 사람에게 일어나는 변화 전반을 의미하는 인지적 변화라는 용어를 썼다. 변화를 통일적으로 다룬 이유는 그들의 근간에서는 같은 메커니즘이 작동하고 있기 때문이다.

무의식적 메커니즘이라는 용어가 등장하는 이유는 인지적 변화가 일어났거나 혹은 일어나고 있는 사람은 대부분 그 변화를 자각하기 어렵기 때문이다. 인지적 변화뿐만 아니라 대부분 '인지'에서는 의식할 수 없는 메커니즘이 작동한다. "당신 어머니의 성함은?"이라는 질문을 받았다면 금방 대답할 수 있다. 그러나 우리가 의식할 수 있는 것은 그 질문과 결과뿐이다. 어떻게 그것을 생각해냈는지 물어도 대답할 수 있는 사람은 없다(그래서 심리학자가 필요하게 된다).

인지적 변화도 마찬가지다. "너는 어떻게 그렇게 성장했니?"라는 질문을 받으면 기껏해야 "열심히 노력했다"라든가 혹은 "그 책을 참고로 했다" 정도의 대답을 하기 마련이다. 물론 열심히 노력하는 것도 참고서를 읽는 것도 중요하다고 생각하지만, 그것은 단지 계기에 불과하다. 거기에서 작동하는 메커니즘은 보통 알 수가 없다. 그것은 무의식 수준에서 작동하고 있기 때문이다. 그러한 이유로 이 책에서는 무의식적 메커니즘이라는 용어가 등장한다.

창발이라는 용어의 설명에는 지면을 많이 할애할 필요가 있다. 우선 가령 이 단어를 전혀 들어본 적이 없는 사람이라도 '創'과 '發'이라는 한자로부터 어느 정도는 이미지가 만들어질 것이라고 생각한다. 다시 말해 무엇인가 새로운 것을 만들어낸다는 뜻이다. 그러나 이른바 발견, 발명과는 다르다. 창발이라는 용어에는 전문적으로는 적어도 '환원불능성還元不能性'과 '의도의 부재'라는 두 가지 의미가 꼭 포함된다. 환원불능성이라는 것은 창발된 것은 그것을 만들어내기 위한 요소의 성질만으로는 설명하기 어렵다는 뜻이다. 다시 말해 만들어지기 이전으로 환원할 수 없다는 의미다. 그 예로 물이 가지고 있는 성질은 그 요소인 산소와 수소의 성질을 아무리 분석해도 나오지 않는다. 그리고 의도의 부재라는 것은 창발과정, 메커니즘을 통제하는 누군가 혹은 무엇인가가 없다는 의미다. 물은 도로나 PC처럼 인간

(혹은 신神?)의 의도로 만들어진 것이 아니다. 다시 말해 '중추의 명령에 의하지 않는 요소들 간의 상호작용이 쌓여 형성된 특이한 시스템'이 바로 창발이라는 단어의 핵심이 된다. 그러한 창발과정을 밝히기 위해 이 책에서 인지적 변화라는 용어가 등장하는 것이다.

창발에 중요한 조건은 거기에 많은 요소가 존재할 것, 그 요소들 간의 상호작용을 통해 흔들림[動搖]이 발생할 것, 그 상호작용 방식은 환경으로부터 영향을 받을 것, 이 세 가지다. 이 책에서 다룰 '겉모습이 전혀 다른 다양한 인지적 변화'에는 모두 이 세 가지 조건이 깊이 관련되어 있다. 이러한 시점에서 인지적 변화를 파악하려는 것이 이 책의 목적이다.

다만, 실제 일어나는 인지적 변화에 대해 논하기 전에 능력과 지식이라는 개념을 다시 검토할 필요가 있다. 인지적 변화가 만들어내는 것은 능력의 변화, 지식의 변화라고 생각되기 때문이다. 최근 인지과학 연구에서는 이에 대한 상식을 뒤엎는 듯한 성과물들이 쌓이고 있으며, 이 책은 그에 기반을 두고 있다. 그래서 우선 1장과 2장에서는 능력과 지식에 대해 다시 고찰하겠다. 여기서 창발을 이해하는 데 열쇠가 되는 다양한 자원, 흔들림, 환경의 개념이 도입된다. 1장과 2장에서 인지적 변화로 가는 창발과정에 대한 독자의 위화감을 없앤다는 의미도 있다.

이후의 장에서는 다음의 세 가지 인지적 변화에 대해 다루겠다.

- 연습에 따른 능숙함
- 발달
- 번뜩임

이 현상들은 겉모습은 서로 크게 다르지만, 어떤 현상도 창발을 빼고는 설명할 수 없다는 뜻에서 통일적인 설명이 가능하다. 이에 다양한 자원, 흔들림, 환경이 만들어내는 창발이라는 개념을 활용해 인지적 변화에 대해 논하기로 한다. 또한 3장·4장·5장과 관련해 그 순서는 아무래도 좋으므로 관심이 가는 장부터 읽길 바란다.

앞서 언급한 인지적 변화는 보통 학습이나 배움 등의 단어로 표현된다. 그리고 그것은 교육이라는 개념과 밀접하게 관련되어 있다. 이에 마지막 장에서는 책에서 소개한 내용을 바탕으로 교육에 대해 검토할 것이다. 다만, 이 장은 그 앞의 3장·4장·5장과는 달리 엄밀한 실험적 분석을 바탕으로 한 것이 아니라, 창발이라는 관점에서 나온 제언 같은 것이라고 생각하면 좋겠다. 이를 군이 기술하는 이유는 문부과학성[한국의 교육부에 해당]을 중심으로 하는 행정가나 일부 학자가 주장하는 개혁이라는 것의 대부분이 배움이라는 인지적 변화를 오랫동안 연구해온 내 관점에서는 '배움과 교육을 우습게 여기고 있다'고밖에 보이지 않기 때문이다.

각 장의 앞부분에 그 장의 주장을 요약해서 정리해두었다. 그 내용을 읽어보고, 그런 것은 당연하다고 생각하는 독자는 그 장을 건너뛰어도 좋다. 그리고 책의 마지막에는 각 장에서 다루었던 논문이나 그 문제를 좀 더 탐구하기 위한 문헌을 수록했다. 다만 전문지에 실린 글이나 외국어 문헌은 일본어로 번역된 것 이외는 생략했지만, 내가 쓴 논문만은 예외로 했다. 이는 자기선전을 하고 싶어서가 아니라 해외나 전문지의 관련 논문을 필요로 할 때 참조할 수 있도록 하기 위해서다.

내가 이 책에서 제공하는 것은 창발이라는 안경이다. 그 안경을 통해 보면, 지금까지 걸쳐왔던 '학교 교육'이나 '품질관리' 같은 안경으로는 볼 수 없었던 것이 새롭게 보이게 될 것이다. 독자 여러분이 이 안경을 통해 자신과 세상을 둘러싼 인지적 변화라는 개념을 새롭게 인식하고, 그것들을 풍부하게 하는 것, 그리고 이 책이 좋은 학습자·교육자가 되는 데 약간이라도 이바지할 수 있다면 저자로서 그보다 기쁜 일은 없을 것이다.

이 책은 40년 가까운 세월 동안 쌓인 나의 연구 성과를 바탕으로 한 것이다. 그러므로 이 책과 관련해서 신세를 진 분들이 상당히 많다. 각 장의 골자가 되는 논문을 같이 완성

한 사람, 토론한 사람들 모두에게 감사를 표하고 싶다. 특히 이 책의 초고에 대해서는 나고야 대학교 가와이 노부유키 川合伸幸 교수가 정중히 의견을 제시해주었다. 또 특히 감사하고 싶은 사람은 내가 소속된 대학원 박사과정 학생 요코야마 다쿠橫山拓다. 내가 50대 후반 즈음부터 성장이 있었다면, 그의 공헌이 있었기에 가능했다고 할 수 있다. 이 책의 마지막에서 언급하고 있지만, 인지적 변화에서는 학생도 교사도 없는 것이다. 그리고 치쿠마출판사ちくま書房의 하시모토 요스케橋本陽介 씨에게도 마음 깊이 감사의 인사를 전하고 싶다. 그의 많은 조언이 없었더라면, 이 책의 완성은 몇 년 뒤에나 가능했을 것이다.

능력이라는 허구

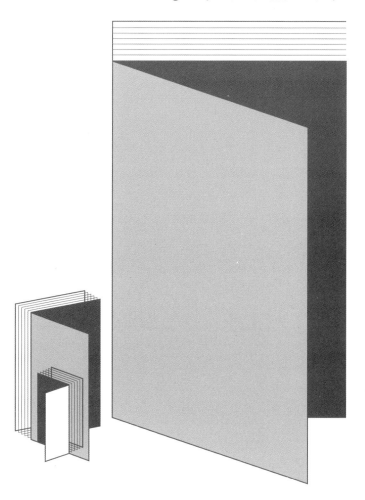

1장 요약

능력이라는 것은 추론abduction을 통해 발생한 가설이다.
거기에 부적절한 은유가 들어감으로써 잘못된 능력관이 퍼
졌다. 그것은 능력의 안정성과 내재성이라는 견해다. 왜 이
능력관이 잘못되었는가 하면 그것들로는 사람의 인지에서
거의 보편적으로 나타나는 문맥의존성文脈依存性을 설명할
수 없기 때문이다. 그러므로 인지적 변화를 생각할 때 능력
이라는 가설은 사실 필요가 없다.

사람이 가지고 있는 마음의 움직임을 '힘[力]'으로 파악하거나, 조금 더 나아가 '능력ability'으로 생각하는 일은 종종 있어, 굳이 전문서가 아니라도 자주 보이곤 한다. 예를 들어 기억력, 창조력, 영어능력, 문제해결력, 논리적 사고력, 대화능력, 발표력 등 '력力'이라는 글자가 들어간 단어는 많다. 최근에는 사고력, 판단력, 표현력 등의 단어도 교육계 곳곳에서 쓰이고 있다.

그렇다면 이러한 능력이라는 것은 대체 어떤 것일까? 이것이 바로 이 장의 주제다. 「머리말」에서 밝혔듯이, 1장 요약에서 먼저 이 장의 주장을 기술해두었다. 이 내용을 이미 알고 있는 사람은 이 장을 건너뛰고 읽기 바란다.

'추론'에서 발생한 '능력' 개념

우리 인간은 항상 원인을 찾는 생물이라고 할 수 있다. 무엇인가가 있으면 그 원인을 알고 싶어진다. 아침에 일어나 땅이 젖어 있으면 비가 내려서겠지, 갑자기 복통이 일어나면 무언가 잘못 먹었구나, 누군가가 웃고 있으면 즐거운 일이 있었구나라고 생각한다. 마찬가지로 학교시험에서 계산 문제를 못 푸는 학생을 보면 계산력이 없다고 생각하거나, 재미있는 아이디어를 생각해내는 사람이 있으면 창조력이 있어서라고 생각하기도 한다. 즉, 계산력 혹은 창조력이라는 것을 그 사람의 행동의 원인으로 생각하는 것이다.

이러한 원인 추정을 '추론'이라고 부른다. 추론이라는 것은 20세기 초반에 활약한 미국 철학자 찰스 샌더스 퍼스 Charles Sanders Peirce가 만든 용어다. 어떤 사항 A가 있으면 사건 B가 발생한다고 한다. 그런데 어떤 사건 B가 관찰되었다. 그렇다면 A가 있었던 것은 아닐까라고 생각하는 것이 추론이다.

만약 계산능력이 없다면 계산 문제를 틀릴 것이라고 생각한다. 그리고 계산 문제를 틀린 사람을 관찰했다고 하자. 그렇다면 그 사람에게는 계산능력이 없는 것이 된다. 만약 창조력이 있다면 창조적인 아이디어를 생산할 수 있다고 생각해보자. 그리고 나서 창조적인 아이디어를 생산하는 모습을 관찰해보자. 그러면 그 사람에게는 창조력이 있다고 생각하게 되는 것이다.

논리학을 배운 사람이라면, 이는 틀렸다고 생각할지도

모른다. 다시 말해 "역逆이 반드시 참[眞]이 되는 것은 아니다"라는 것이다. 다만 이런 논리로 능력을 비판하고 싶지는 않다. 왜냐하면 위와 같은 생각은 틀린 것이 아니라, 확실히 맞다는 보증이 없을 뿐이기 때문이다. 그러므로 '반드시'라는 제한이 붙는 것이다. 원인이 되는 것은 가설이므로 추론은 가설추론 같은 말로 번역되기도 한다.

　다시 본론으로 돌아가 보자. 위에서 언급한 계산력이나 창조력이라는 능력은 행위의 원인으로 간주되고 있다. 이외에도 독해력, 논리적 사고력, 대화력, 교섭력 등 다양한 능력이 있다고 전제하면서, 그것을 단련시키고 키우는 교육에 대한 이야기를 듣기도 한다. 그러나 이들 능력은 모두 가설적인 것이라는 사실에 유의해야 한다. 물론 가설이기 때문에 안 된다는 것은 아니다. 요컨대 가설이기 때문에 그것이 정확하게 성립하는지를 검토하려는 것이다.

능력의 은유적 이해

세상에는 스스로 지각知覺할 수 있는 원인도 많이 있지만, 직접 관찰할 수 없는 원인도 많이 있다. 말할 필요도 없이 능력이라는 대상도 관찰할 수 없는 부류에 포함된다. 가령 능력이라는 원인이 있다고 하더라도 그것이 작동하고 발휘된 결과는 지각할 수 있지만, 누구라도 능력 그 자체를 보거나 듣거나 만지거나 할 수는 없다.

지각할 수 없는 사항은 '능력'뿐만이 아니다. 인간 사회에는 추상 개념이라고 불리는 것이 많이 존재한다. 자유, 정신, 기후, 이론, 유사類似, 쾌활[陽氣], 의사意思 등은 그러한 것의 예다. 그 누구도 자유 그 자체를 보거나 듣거나 하는 것은 불가능하며, 정신 그 자체를 잡아보는 것도 불가능하다. 그렇다면 그러한 추상적인 개념은 어떻게 이해해야 하는 것일까? 여기서 인간은 매우 편리한 인지적 도구를 활용하고 있다. 그것은 은유다. 은유는 비유, 예시를 의미한다. 은유에는 몇 가지 종류가 있는데, 능력이라는 것을 생각하는 이 장에서 중요한 것으로, 인지언어학이라는 분야의 선구자 중 한 사람인 조지 레이코프George Lakoff가 제창한 '개념은유'라고 불리는 것이 있다.

예를 들어 '이론'이라는 개념에 대해 생각해보자. 특정한 이론은 책이나 수식 등을 통해 볼 수 있지만, 이론 그 자체는 직접적으로 관찰할 수 없다. 그러나 우리는 다음과 같은 표현을 자주 듣고 그것을 이해할 수 있다.

- 이론을 구축한다.
- 이론을 보강한다.
- 이론을 지탱하는 데이터.

- 이론이 흔들린다.
- 이론이 붕괴한다.

이런 표현의 어디가 은유인가라고 생각할지도 모르지만, 여기에서는 '이론'을 건물처럼 관찰이 가능한 것으로 간주하고 있다. 즉, 이론을 건물에 비유하고 있는 것이다. 그리고 건물은 구축하거나 보강하거나 지탱되거나 흔들리거나 붕괴하거나 한다. 그것과 이론은 같은 것으로 간주되기에 이러한 표현이 이론에 대해 쓰인 것이다.

하나의 단어에 하나의 은유만이 대응하는 것은 아니다. 오히려 복수의 은유가 쓰이는 것이 보통일 것이다. 예를 들면 다음과 같은 표현에서는 '이론'이 사람에 비유되고 있다.

- 이 이론이 저 신기한 현상을 설명해준다.
- 이것은 이론이 예측한 대로다.
- 그 이론은 다양한 실험가설을 발생시켰다.
- 그 이론은 아직 미성숙하다.

즉, 여기서는 의인화가 일어나고 있다. 이처럼 개념은유는 몇 가지의 은유를 활용해서 추상적인 사항의 다양한 측면을 파악하는 데 활용되고 있다.

능‘력力’이라는 은유가 만들어내는 이미지

앞의 절에서 언급한 추론과 은유라는 관점에서 능력을 생각해보기로 한다. 그러면 인간이 하는 여러 가지 행동의 원인으로 '~능력' 혹은 '~력'이 가설로 채용되어, 그것이 '력'이라는 은유로 수식되어 있는 것을 알 수 있다. 곁에 있는 전자사전에 '력'이라는 단어를 입력해보자. 다음과 같은 것이 등장한다.

- 사람이나 동물의 신체 내부에 갖추어져 있어, <u>스스로</u> 움직이거나 다른 것을 움직이거나 하는 작용의 원인이 되는 것. 구체적으로는 근육의 수축을 통해 나타난다. "주먹에 힘을 준다." "힘을 낸다." "어린 곰이라도 힘은 세다."
- 그것 자체에 본래 구비되어 있어서 발휘되는 것을 기대할 수 있는 활동. 그리고 그 정도. 효력. "바람의 힘을 이용한다." "운명의 이상한 힘." "이 차의 엔진에는 힘이 있다." "약의 힘에 도움을 받는다."

여기에서도 알 수 있듯이, '력'은 개체의 내부(체내, 뇌내)에 갖추어져 있다고 간주된다. 예를 들어 악력에 대해 생각해보자. 악력은 그것을 발휘하는 사람의 근육이나 골격 등으로 결정된다. 다시 말해 힘은 그 사람의 내부에 존재하고 있다고 일반적으로 여겨지고 있는 것은 아닐까? 여기에 '능能'이 붙은 것이 '능력=ability'이라는 단어인데, 이는 무엇인가를 해내기 위해 가지고 있는, 즉 내재하는 힘을 가리킨다. 이러한 점에서 사고력이나 판단력, 표현력은 사람의 내부에 존재하는 잠재적 힘인 것처럼 인식되거나 파악되게 된다.

'력'이 만들어내는 또 하나의 잠재적 의미는 차별성, 즉 정도와 강약의 차가 있다는 것이다. '력'은 크거나 작거나 정도의 차가 있다. 악'력'이 강한 사람이 있다면, 약한 사람도 있다. 마'력'이 강한 차가 있다면, 그렇지 않은 차도 있다. 그렇게 '력'에는 강약이 있다. 능력도 마찬가지로, 그래서 그 힘을 측정해 서열화하기 위한 시험이 실시되는 것이다.

'력'이 함의하는 바는 그 밖에도 더 있다. 그것은 '언제든지/어디서도'라는 성질, 즉 안정성이다. 실체로서 존재해 언제라도 어디에서도 발휘된다는 것이다. 차의 마력은 도메이東名 고속도로건 도호쿠東北 자동차도건 어디서나 그 힘을 발휘해서 마력이 큰 차는 작은 차를 압도한다. 그러므로 힘이 세고 능력이 많은 사람이 힘이 약하고 능력이 적은 사람에게 패할 경우, '뜻밖의 이변'이라고도 한다. 원래 능력의 안정성은 내재성이나 차별성보다는 약한 것일지도 모른다. 힘은 충분히 발휘되는 때도 있지만 그렇지 않은 때도 있다. 그래서 항상 힘이 센 사람이 힘이 약한 사람을 이기는 것은 아니다.

다음 절부터는 능력의 안정성에 대해 더 검토할 예정이지만, 다만 그전에 한마디 변명을 하겠다. '~력' 같은 단어가 거리에 넘쳐나고 있으며, 문부과학성도 사고력, 판단력, 표현력을 기준으로 교육개혁을 진행해나가려 하고 있다. 그래서 당연히 그들 '~력'에 대한 연구가 이미 광범위하게 진행되어왔을 것이라고 생각하는 사람이 있을지도 모른다. 그러나 사고력 같은 극히 애매한 능력을 검토한 제대로 된 연구는 현대에는 존재하지 않는다. 그러한 것은 내용이 명확하지 않아서 직접 연구할 수 없기 때문이다. 따라서 그 대신에 비교적 넓은 범위를 아우를 수 있다고 생각되는 논리적 사고력, 수학적 사고력 등을 연구한다. 그러나 논리적 사고력이나 수학적 사고력도 같은 사정이므로 검토할 수 없다. 따라서 이러한 사고가 필요하다고 여겨지는 과제 그 자체의 안정성을 검토하겠다.

논리적 사고력은 안정되어 있는가?

사실 앞서 말했던 능력의 안정성과 관련해서는, 이에 반하는 실험 데이터가 많이 존재한다. 이 데이터들이 나타내는 것은 '인간 인지의 문맥의존성'이다. 문맥의존성이라는 것은 동일한 구조를 가진 과제에 있어서 그 과제가 등장하는 문맥이 서로 다르다면, 그 결과로써 서로 전혀 다른 반응이 나온다는 것을 의미한다. 긴장을 풀고 있었기 때문에 할 수 있었다라든가, 몸 상태가 좋지 않아서 할 수 없었다라든가, 그런 것을 의미하는 것은 아니라는 점에 주의하길 바란다. 그리고 이 문맥의존성을 연구하면, 내재성과 차별성에 대해서도 많은 의문이 꼬리를 물고 나타나게 된다.

먼저 문맥의존성과 관련된 연구에서 사용한 논리적 사고력을 묻는 과제를 두 개 정도 제시해보겠다. 모두 매우 유명한 과제이기에, 이미 알고 있던 독자가 많을지도 모르지만, 스스로 생각해보고 답을 내보길 바란다.

'네 장의 카드' 문제

앞면에는 알파벳, 뒷면에는 숫자가 적힌 카드가 네 장 있다. 이 카드는 '앞면이 모음일 경우 뒷면은 짝수'가 되도록 만들어져 있다. 여기 제시한 네 장의 카드가 이 규칙에 맞추어 만들어졌는지 확인하고 싶다. 카드를 몇 장 뒤집으면 좋을까? 몇 장을 뒤집어도 좋지만, 그 횟수를 최소한으로 할 것.

'린다' 문제

린다는 서른한 살의 솔직한 성격을 지닌 총명한 독신 여성이다. 그녀는 대학에서 철학을 전공했으며, 사회정의와 관련된 문제에 관심이 많다. 학생 시절에는 반핵反核 시위에 참가한 일이 있다. 이런 린다가 은행원일 확률과 페미니스트 은행원일 확률을 구해보라.

그러면 이어서 다음 두 문제도 풀어보길 바란다.

'입국' 문제

Z국에는 입국할 때에 콜레라 예방접종을 하지 않으면 안 된다는 규칙이 있다. 비행기 탑승객은 공항 게이트에서 앞면에 '입국' 혹은 '환승'을 적어야 하며, 뒷면에는 예방접종한 백신 종류의 이름을 적은 표를 제시하지 않으면 안 된다. 그리고 당신은 게이트에서 승객이 제출하는 서류를 확인하는 직원이다. 다음 네 장의 카드 가운데 뒤집어서 확인하지 않으면 안 되는 카드는 무엇인가? 몇 장을 뒤집어도 좋지만, 그 횟수를 최소한으로 할 것.

입국	환승	콜레라	티푸스

'야마모토' 문제

야마모토는 20대 전반으로 관서 지역에 거주하며, 초밥을 매우 좋아하는 사람이다. 그는 여행을 매우 좋아하며, 현재 파트너를 모집 중이다. 야마모토가 대학생일 확률과 여대생일 확률을 구해보라.

자, 답은 무엇이었을까? 첫 번째 문제의 답은 E와 3이다. 이유는 E 카드의 뒷면이 홀수, 3 카드의 뒷면이 모음일 경우 규칙 위반이기 때문이다. 반면 P 카드와 같은 자음 카드의 뒷면에 대해서는 아무런 규칙이 없으므로 그 카드는 뒤집지 않아도 된다. 또한 대부분이 선택한 혹은 선택할 뻔한 8 카드에 대해서는, 그 카드의 뒷면이 모음이든 자음이든 어느 쪽이라도 괜찮기 때문에 뒤집지 않아도 된다. 즉, 카드의 뒷면이 모음이라면 규칙이 지켜지고 있는 것이고, [규칙에서는 자음에 대해 아무런 이야기를 하지 않았기 때문에] 자음이라도 규칙을 벗어나는 것은 아니기 때문이다.

두 번째 문제는 그 수치가 어떻든 상관없지만, 은행원일 확률이 페미니스트로서 은행원일 확률보다 크지 않으면 안 된다. 페미니스트로서 은행원일 경우는 은행원인 경우의 부분집합이며, 부분은 전체보다 반드시 작아야만 하기 때문이다.

두 가지 문제에 모두 정답을 맞힌 사람은 비교적 적을 것이라 생각한다. 첫 번째 문제의 정답률은 대학생일 경우 10퍼센트 정도, 두 번째 문제는 10~15퍼센트 정도다. 그러니 정답을 맞히지 못했더라도, 그렇게 나쁘지는 않다고 생각할지도 모른다. 단지 조금 아쉬운 점을 말하자면, 내가 이 문제를 제시한 것은 초보 중의 초보에 해당하는 논리적 사고를 활용한 문제이기 때문이다. 특히 첫 번째 문제는 논리학 교과서의 거의 첫 쪽에 나오는 것이다. 두 번째 문제는 너무나 당연해 그런 논리를 일부러 해설하는 책이 없을 정도로 상식적인 것이다. 자연수와 짝수 중 어느 쪽이 많을 것인가, 혹은 중국인과 베이징 출신의 중국인 중 어느 쪽이 많을 것인가는 생각할 필요조차 없는 문제다. 그러나 이런 문제를 종종 틀리는 사람이 있다.

그렇다면 문제를 틀린 사람은 논리적 사고력이 결여된 경우일까? 이번에는 뒤의 두 개의 문제에 대해 생각해보자. 먼저 입국 문제의 정답은 '입국' 카드와 '티푸스' 카드다 ['환승'은 '입국'심사의 대상이 아니고, '콜레라'는 입국거부의 조건이므로, 뒷면의 내용이 무엇이건 상관없다]. 그리고 야마모토 문제의 정답은 린다 문제와 마찬가지로 정답은 없지만, 대학생일 확률이 여대생일 확률보다 높기만 하다면 문제없다. 어떤가? 이 두 문제는 거의 모두가 정답을 맞혔으리라 생각한다. 또한 나열된 네 문제 사이의 관련성을 이미 눈치 챈 사람도 많을 것이다. 네 장의 카드 문제와 입국 문제는 추상적·구조적으로 볼 때 같은 문제다. 이는 '조건문 추론 conditional reasoning'이라고 불리는 것으로, 'P→Q'라는 형식을 가진다. 린다 문제와 야마모토 문제는 '유類의 포함 class inclusion'이라고 불리는 것으로, 부분과 전체의 관계에 관한 것이다.

다시 말해 같은 구조의 문제라도 그 구조가 등장하는 문맥에 따라서 답이 크게 달라진다. 이를 인지(혹은 사고)의 '문맥의존성'이라고 부른다. 이는 거의 보편적 현상으로, 다음 장에서 아이의 발달에 대해 다룰 때도 많이 언급될 것이다.

만약 앞의 두 문제에서 정답을 맞히지 못한 사람이 정말 조건문 추론의 능력이나 유의 포함 관련 이해의 능력이 없었다면, 뒤의 두 문제에서도 틀릴 수밖에 없었을 것이다. 그러나 그런 일은 일어나지 않는다. 그렇다면 앞에서 틀리고 뒤에서 맞힌 사람에게 조건문 추론의 능력이 있다고 볼 수 있는 것인가? 아니면 없다고 봐야 하는 것인가?

통상 '능력'은 안정성을 가지고 있으며, 기본적으로는 언제든지 똑같이 작동한다는 이미지가 강하다. 그러나 지금까지 봐왔듯이, 인간에 관해서 말한다면 그러한 것은 기대할 수 없다. 인간에게 능력이라는 것은 문맥에 따라 작동하거나 작동하지 않거나 하는 것이다. 이것이 내가 사람의 지성을 '능력'과 '힘'이라는 은유를 통해 이해하는 것이 위험하다고 하는 이유 중 하나다.

수학적 사고력의 문맥의존성

흔히 사람들은 논리적 추론이 사고(력) 중에서도 매우 중요한 부분을 차지하고 있다고 생각한다(나는 그다지 그렇게 생각하지는 않지만). 다만 문맥의존성이 논리적 사고력에 고유하게 나타나는 것은 아닐까 하는 반론이 어느 정도는 가능하다고 생각한다.

그렇기에 다른 예를 들어보겠다. 이번에는 수학적 사고에 대해서다. 논리만큼은 아닐지 모르지만, 수학도 그 응용범위가 상당히 넓기 때문이다.

먼저 아이들의 예부터 살펴보자. 초등학교 저학년의 아이들은 다음과 같은 문제를 매우 어려워한다.

타로는 사탕을 몇 개인가 가지고 있었습니다. 지금 간식으로 사탕을 두 개 받았습니다. 세어보니 전부 다섯 개가 있었습니다. 그렇다면 타로는 처음에 사탕 몇 개를 가지고 있었을까요?

1학년의 경우, 네 명에 한 명 정도만 정답을 맞혔다. 그리고 이런 문제를 풀 수 없는 이유는 전체와 부분의 관계를 충분히 이해하지 못했기 때문이라고 말해지곤 한다. 즉, 전체가 부분 1과 부분 2로 구성되어 있을 경우, 전체에서 부분 1

혹은 부분 2를 제거하면 남는 부분을 구할 수 있다는 것을 모르기 때문에, 이 연령대의 아이들은 이런 문제를 풀지 못하는 것이다. 그러나 다음과 같이 앞의 문제를 조금만 바꾸면, 성적은 전혀 달라진다.

타로는 봉투에 넣은 사탕을 받았습니다. 사탕이 몇 개인지는 아직 모릅니다. 방금 어머니가 이 봉투에 사탕을 두 개 넣어주었습니다. 사탕을 봉투에서 꺼내 세어본 결과 전부 다섯 개였습니다. 그렇다면 타로는 처음에 몇 개의 사탕을 가지고 있었을까요?

똑같은 내용인데도 문제를 이렇게 변형하면 유치원생이라도 3분의 2 정도가 정답을 맞힐 수 있게 된다. 요컨대 여기서 '봉투'는 원래 수학과는 어떠한 관계도 없지만, 이러한 문맥이면 금방 정답을 맞힐 수 있는 것이다(이것은 친구 '쓰카노 히로아키塚野弘明'가 30년도 더 전에 행했던 실험의 결과를 바탕으로 하고 있다). '봉투'가 아니라도 좋다. 나는 이 실험에 자극받아, 내 딸이 유치원에 다닐 때 첫 번째 문제를 내보았다. 그러자 딸은 "왜 처음에 몇 개인지 모르지?"라고 물었다. 그래서 "그래도 퀴즈니까. 그걸 말해버리면 답이 되거든"이라고 말했더니 "아, 그렇구나. 그럼 세 개"라고 즉답했다.
이러한 문맥의존성은 유아이기 때문일까? 학년이 올라

가도 상황은 변하지 않는다. 내가 연구생활을 시작할 즈음에 다루었던 문제들 가운데 '용액의 혼합 문제'라고 불리는 것이 있다. 그 문제는 다음과 같다.

3퍼센트의 식염수 200그램에 5퍼센트의 식염수 300그램을 섞으면 몇 퍼센트의 식염수가 만들어질까요?

이 책을 읽고 있는 사람들 가운데 이 문제를 못 푸는 사람은 없겠지만, 초등학교 고학년의 아이들은 이 문제를 매우 어렵게 생각한다. 나는 초등학교 6학년생 35명에게 이 문제를 냈는데, 올바로 계산할 수 있는 아이는 매우 적었다. 학교에서는 농도를 가르치지 않으므로 이 결과는 당연할지도 모른다. 그래서 답변이 원래 두 용액의 농도 사이에 해당하기만 해도 정답으로 했다. 유감스럽지만 이렇게 했는데도 대부분의 답변은 틀렸다. 아이들 대부분은 단순한 덧셈, 즉 '3퍼센트＋5퍼센트＝8퍼센트'라고 답했던 것이다.

이런 결과를 보면, 아이는 단순하게 계산할 줄 모를 뿐만 아니라, '농도는 더하기의 문제가 아니다'라는 것 자체를 이해하지 못하고 있다고 결론짓고 싶어진다. 계산은 하지 못해도 큰 문제가 아니라고 생각하지만, 진한 것과 묽은 것을 섞었는데 진한 것보다 더 진해진다고 생각하는 것은 문제가 될 수 있다. 천연과즙 50퍼센트의 주스를 두 개 사서 섞으면, 천연과즙 100퍼센트가 된다고 생각하는 것과 마찬가지이기 때문이다.

　그러나 여기서도 문맥의존성이 그 모습을 드러낸다. 예를 들어보자.

　각설탕을 한 개만 넣은 홍차를 두 잔 만들었습니다. 이 두 잔을 섞으면 홍차는 원래의 홍차보다 달게 될까요? 싱거워질까요? 그렇지 않으면 변하지 않을까요?

　이렇게 물어보면, 아이들 대부분은 '똑같다' 혹은 '변하지 않는다'고 대답한다. 즉, 농도 더하기 계산은 하지 않는다. 아이이기 때문이라고 주장하는 사람은 다음 문제를 생각해보기 바란다.

　40대 여성의 유방암 비율은 1퍼센트다. 유방암에 걸린 사람에게 어떤 검사를 하면, 80퍼센트의 확률로 유방암이라는 결과가 나온다. 반면에 유방암이 아닌 사람에게 같은 검사를 하면, 9.6퍼센트의 확률로 유방암이라는 결과가 나온다. 어떤 여성이 이 검사 결과 유방암 진단을 받았는데, 그 여성이 실제 유방암에 걸렸을 확률은 얼마인가?

　이 문제에 정답을 낼 수 있는 사람은 매우 적다고 생각한다. 정답은 약 8퍼센트다. 놀란 사람이 매우 많지는 않을까? 대다수의 사람은 70~80퍼센트라고 생각한다. 왜 그렇게 되었는지 간단히 설명해보겠다. 양성이라는 진단은 진짜 암으로, 양성이 되는 경우와 위僞양성일 경우라는 두 가지 경우를 생각할 수 있다. 그러므로 암으로 양성이 될 확률을 양성이 되는 확률 전체(진짜 암일 경우와 위양성일 경우의 합)로 나누면 된다. 실제로 나눗셈을 해보면, 약 8퍼센트라는 답이 나온다.

이는 '사전확률事前確率의 무시'라고 불린다. 이 문제에서 사전확률은 1퍼센트다. 사전확률이 매우 낮거나 드문 질병일 경우에 정밀도가 적당히 높은 검사를 통해 양성 진단을 받더라도, 실제로는 그 질병에 걸리지 않았을 경우가 많다. 오해를 무릅쓰고 말하자면, 희귀병은 좀처럼 걸리지 않는다는 것이다(이는 '희귀하다'는 말의 정의이기도 하다). 그러나 우리는 사전확률을 무시한 채 검사의 정밀도만을 생각해버린다.

이러한 것은 대부분의 사람은 배우지 않았으므로 할 수 없어도 당연하다, 심지어 할 수 있는 것이 이상하다고 생각하는 사람이 있을지도 모른다. 이번에는 다음과 같은 문제를 생각해보자. 일견 질병의 진단이므로 앞의 문제와 비슷한 문제라고 생각하겠지만, 앞의 문제와 무관하게 한번 직감적으로 생각해보았으면 한다.

어떤 마을에 간 의사가 기묘한 병을 발견했습니다. 몇 번이나 살펴본 끝에 그는 이 병을 진단할 수 있는 검사법을 생각해냈습니다. 지금까지 1,000명을 진찰했는데, 그중에 열 명이 이 병에 걸린 사실을 알아냈습니다. 이 열 명 가운데 여덟 명이 새로 만든 검사법에서 양성이 나왔습니다. 또한 이 병과 무관한 나머지 990명의 환자 가운데에서도 95명이 이 검사법에서 양성이 나왔습니다. 그렇다면 이 마을의 어떤 인물이 언젠가 이 검사법에서 양성이라고 판명될 경우, 이 인물이 이 기묘한 병에 실제로 걸렸을 확률은 얼마나 될까요?

어떨까? 가령 그 검사를 받은 것이 자신이라고 치고, 정말로 이 병에 걸린 여덟 명 쪽에 자신이 들어갈지, 검사 잘못으로 양성으로 나온 95명 쪽에 들어갈지 생각한다면, 아마 95명 쪽, 즉 위양성 쪽이라고 생각하지는 않을까? 위 문제의 계산은 간단하다. '8/(8 + 95)'로 약 8퍼센트다.

이 문제를 유방암 문제와 무관하게 풀어봤으면 좋겠다고 말했지만, 실은 이 두 문제는 거의 같은 문제다(46쪽 [표 1-1] 참조). 정보의 표현을 확률, 즉 0~1 사이의 수치로 표시하는가, 빈도(몇 명 중에 몇 명)로 표시하는가라는 차이밖에 없다. 다시 말해 여기서도 문맥의존성이 나타난다. 확률적으로 표현할 것인가, 빈도로 표현할 것인가 하는 문맥에 따라 우리의 지성은 전혀 다르게 작동하는 것이다.

유방암 문제		희귀병 문제
1%	사전확률	10/1000
80%	확률	8/10
9.6%	위양성	95/990

[표 1-1] **유방암 문제와 희귀병 문제 사이의 대응관계**

이런 사례는 일일이 열거할 수 없을 정도다. 이 외에도 '거리의 산수street math'라고 불리는 사례가 있다. 브라질에는 정규 학교교육을 받지 않고 길거리에서 물건을 파는 아이들이 있다. 이 아이들에게 학교에서 하는 산수시험을 실시하면 참담한 성적이 나온다. 그러나 이 아이들이 길거리에서는 학교에서 푸는 문제보다도 훨씬 복잡한 요금이나 낚시 관련 계산을 쉽게 잘 해낸다.

내가 여기서 말하고 싶은 것은, 인간이 실은 산수나 수학적인 사고나 농도 계산 등을 할 수 있다든가, 아니 실은 할 수 없다든가 같은 이야기가 아니다. 그런 것에 신경을 쓰는 사람도 있지만, 그것은 생산적이지 않다고 생각한다. 그러한 것은 '어떤 문제가 진정한 능력을 측정하기에 적합한가?'라는 평가자의 취향 문제에 불과하기 때문이다. '인간 만세'를 말하고 싶은 사람에게는 희귀병 문제나 홍차 문제의 결과를 보여주면 되고, 인간의 지성에 회의를 가진 사람에게는 유방암 문제와 식염수 문제의 결과를 보여주면 될 뿐이다.

다양성, 흔들림, 문맥의존성이 의미하는 것

이 장에서는 '능력이라는 것이 어떤 지적인 행위의 원동력이나 원인으로서 상정되어 있다'는 현상을 우선 기술했다. 그리고 능력은 힘의 일종으로서, 힘이라는 것을 기반으로 한 은유에 바탕을 두고 있으며, 힘은 개체에 내재하고 상황과 관계없이 안정되게 작용한다는 이미지가 있다고 기술했다.

그러나 조건문에서의 사고, 집합의 포함관계와 관련된 사고, 산수나 수학의 원리와 관련된 사고가 각각 그것이 관여하는 상황에서 안정적으로 이용된다는 결과는 보이지 않았다. 문제 속에서 그다지 본질적이지 않은 정보에 좌우되어 현명해지든가 어리석어지든가 하는 것이 우리 인간이다. 실제로 문제의 문맥과 그에 접하는 상황에 따라 우리의 지성은 매번 다른 모습을 보인다. 이러한 것은 우리의 지적 행위를 지탱하는 원인으로 여겨지는 '능력'이 그 말이 가진 이미지와 다르게 내재성과 안정성을 가지지 못한 것을 나타낸다. 그렇기에 결과적으로 차별성도 가지지 못한다.

문맥의존성은 구조적으로 봤을 때, 우리가 같은 문제에 대해 복수의 다른 인지 자원을 활용하고 있다는 것을 말한다. 나아가 조건문 추론에 대해서는 연구가 진행되고 있으며, 논리학적 자원, 일상생활 경험에 기초한 자원, 행위와 그 전제조건에 관련된 일반화된 자원, 진화적 자원 등 다양한 자원이 존재하고 있음이 밝혀지고 있다.

　한 가지 더 밝혀두어야 할 점은, 인지적 변화를 포함한 인간의 지성을 문맥, 즉 그것이 발현되는 환경과 떨어뜨려놓고 논하는 것이 적절하지 않다는 사실이다. 여러 가지 자원이 특정한 문맥과 만나서 등장하거나 숨거나 하는, 즉 흔들리고 있는 것이 인간의 지성인 것이다.

　물론 인간의 지적 행위는 매우 다양한 자원의 집합체로서 그것을 일일이 열거하기는 어렵기 때문에, 간략하게 능력이라는 단어를 쓴다는 반론도 있을 수 있다고 생각한다. 다만 능력에 포함된 힘의 이미지가 그 용어가 계속 쓰임으로써 능력의 안정성과 내재성이라는 잘못된 이미지를 증강시킬 수 있다는 위험성은 지적해두고 싶다. 그러한 점에서 능력이라는 가설은 무효하며, 능력은 허구다. 나는 30여 년 전에 어떤 책에서, 사람의 행동을 설명하는 데 능력이라는 말을 쓰는 것은 그만두어야 한다고 생각해 다음과 같이 언급한 적이 있다.

응용력 혹은 논리적 능력이라는 것은 그 내용을 거의 알 수도 없고 파악할 방법도 없다. 그렇기에 이를 측정하는 테스트도 있지만, 그다지 신용하지 않는 편이 좋다. 이와 같은 이유로 능력이라는 이름의 프레임워크는 (이 책에서는) 채용하지 않는다.[1]

그런데 세상에는 '능력'이 유행 중이다. 대학입시의 개혁에서는 사고력·판단력·표현력이 주요 항목이 되었으며, 최근에는 비인지능력 따위까지 등장하고 있다. 30여 년이나 지났는데도 여전히 같은 내용을 써야만 하는 현실이 매우 안타깝다.

1 鈴木宏昭,「認知, 学習, 教授」, 東洋他 編,『岩波講座教育の方法 第6巻—科学と技術の教育』, 岩波書店, 1987.

2장

지식은 구축된다

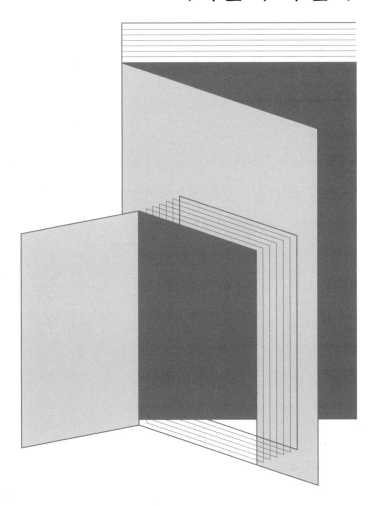

지식은 전달되지 않는다. 그것은 주체가 가진 인지 자원과 환경이 제공하는 자원 속에서 창발하는 것이기 때문이다. 이 과정에서는 지금까지 경험을 통해 얻은 다양한 인지 자원과 환경(상황)이 제공하는 자원을 이용한 네트워킹과 시뮬레이션이 수행된다. 또한 지식은 환경이 제공하는 정보를 잘 조직함으로써 생산된다. 그러므로 지식은 사실로 파악해서는 안 되며, 끊임없이 그 자리에서 새롭게 만들어진다는 의미에서 사건으로 파악해야 한다. 그러한 성질을 지닌 지식을 말로 전달하는 것은 매우 곤란하며 불충분하다. 말은 조잡한 전달미디어이기 때문이다.

능력과 마찬가지로 지식도 교육계에서는 유난히 많이 쓰이는 단어이자 개념이다. 지식을 습득한다, 전수한다, 창출한다, 계승한다 따위의 여러 가지 상황에서 쓰인다. 또한 산업계에서도 지식집약형 산업이라든가 지식의 고도화, 지식경영같이 지식을 포함하는 용어가 많이 쓰이고 있다.

이번 장에서는 이러한 말의 배후에 있는 '암묵적 전제'를 비판적으로 검토하고자 한다. 그리고 이 장에서 주장하는 바를 2장 요약에서 먼저 정리해두었다.

지식은 전달되지 않는다

많은 사람이 '지식이건 기능技能이건 전달할 수 있다'는 신념을 가지고 있다(고 생각한다). 교사든 사부[師匠]든 무엇인가 적절한 방법을 활용한다면, 그들 속에 있는 지식이나 기능이 학생이나 제자에게 '그대로' 전달될 수 있다고 생각한다. 다시 말해 이는 지식을 운반하거나, 누군가에게 건네주거나, 누군가에게서 받을 수 있다는 것을 의미한다. 실제로 무언가를 배워서 할 수 있게 된 경험은 누구에게나 있기 때문에 그만큼 지식을 주고받을 수 있다고 생각하는 사람이 많다.

이러한 신념은 "도서관은 지식의 보고다", "책은 지식의 원천이다" 같은 말에도 나타나고 있다. 책에는 선인이 발견하거나 획득한 지식이 기록되어 있으며, 그것을 읽음으로써 지식이 얻어진다고 생각한다. 그리고 학교에서는 지식이나 기능을 가르친다고 말한다. 교사는 교과서를 가지고 여러 가지 사항을 가르친다. 한자를 읽는 법, 북두칠성이 나타나는 장소와 시기, 인수분해 방법, 브레턴우즈 체제, 나아가 급식을 먹는 방법까지 여러 가지 종류의 사항과 구조에 대한 지식을 전달하려 노력하고 있다. 이는 지식이 누군가에게서 누군가에게로 전달된다고 믿기 때문이다.

그러나 안타깝게도 그렇지 않다. 책은 지식을 문자로 표현한 것으로, 그 자체는 지식이 아니다. '사과'라는 문자 혹은 단어가 진짜 사과가 아닌 것과 마찬가지다. 그러므로 책을 읽어도 거기서 지식을 얻을 수는 없다. 그것이 나타내는 것은 '정보'이며, 만약 그것을 기억했다면 그 정보는 '기억'이 된다. 마찬가지로 교사는 지식을 가르치고 있는 것이 아니다. 그것은 위의 예와 같은 이유다. 교사가 전달하는 것은 정보로, 학생이 운 좋게 그 정보를 기억한다면, 그 정보는 학생의 기억이 된다. 그러나 정보들이 전달되기만 하고 그대로라면 단순히 기억, 정보로서 머무를 뿐이다.

지식의 세 가지 성질

여기까지 읽어온 독자라면 "당신이 말하는 지식은 대체 무엇인가?"라고 묻고 싶을지도 모른다. 지식은 전통적인 철학에서 흔히 '정당화된 참된 신념'을 가리킨다. 키워드가 세 개 있는데, 그 세 개가 지식의 세 가지 조건이 된다. 첫 번째는 '참되다'라는 말 그대로 지식은 올바르지 않으면 안 된다. 두 번째는 '신념'이라고 하므로, 그것을 믿지 않으면 안 된다. 마지막은 '정당화되었다'로, 그것은 참인 근거가 존재한다는 것이다.[2]

그러나 나는 여기서 그러한 지식을 언급하고 싶지는 않다. '유용한' 지식에 대해 생각해보고 싶은 것이다. 도움이

2　이 정의는 지식에 대한 고전적 정의다. 현대철학에서는 이 세 가지가 모두 반드시 필요하지는 않다는 논의가 진행되고 있다. 자세한 것은 내 친구인 도다야마 가즈히사 戶田山和久가 쓴 『지식의 철학知識の哲学』(산업도서産業図書)[한국어판: 『과학으로 풀어낸 철학입문』, 박철은 옮김. (주)학교도서관저널, 2015]을 읽어보길 권한다. 매우 재미있어 추천한다.

되는, 의미가 있는 지식이라고 말해도 좋다. 앞에서 말한 지식의 정의에 따른다면 "내 눈앞의 신용카드 위에는 USB 메모리가 있다"는 것도 지식이 되기 때문이다(증거로 사진을 실어도 좋지만, 잉크가 아까우니 관두겠다). 이는 나 이외에 다른 사람에게는 아무런 도움도 되지 않으며 의미도 없다. 유용하지 않기 때문이다.

다른 책(졸저 『교양으로서의 인지과학教養としての認知科学』, 도쿄대학출판부)에 쓴 것이지만, 유용성을 가진 지식은 다음의 세 가지 성질을 가져야 한다. 첫 번째는 일반성이다. 일반성이란 여러 가지 상황에서 활용할 수 있는 성질을 가리킨다. 많은 일본인이 우간다의 수도를 말할 일은 거의 없다. 기껏해야 빨리 누르기 퀴즈 같은 경우에나 써먹을 수 있다. 그런 것은 일반성을 가졌다고는 말할 수 없다. 반면 중력가속도가 초당 9.8미터라는 것을 기억하는 정도는 초등학생이라도 할 수 있을 것이다. 그러나 그것은 지식이 아니다. 그것을 활용해서 생각하는 일을 할 수 없기 때문이다.

두 번째 성질은 관계성이다. 고립된 지식은 거의 아무런 도움이 되지 않는다. 지식이라는 것은 다른 지식과 풍부한 관계를 맺고 있어야 한다. 지난 일요일 아침 일찍 전차를 탔더니 장차 학원에 가게 될 초등학생들이 '바보 이반', '톨스토이', '적과 흑', '스탕달'을 말하고 있었다. 이것은 정말로 무의미하다. '바보 이반'이 어떤 소설이며 톨스토이가 어떤 인물인가, 어떤 시대에 살았는가, 왜 톨스토이는 그런 소설을 썼는가, 원래 제목은 무엇인가, 그러한 것이 연결되지 않는다면 퀴즈왕 정도나 될 수 있을 뿐이다.

마지막으로 세 번째는 상황대응성[場面應答性]이다. 지식은 그것이 필요한 상황에서 시의적절하게 발동되거나 가동되지 않으면 안 된다. 물리학 수업에서 낙하하는 물체의 속도를 구할 때처럼 중력가속도에 대한 지식은 그것이 필요한 순간에 가동되지 않으면 안 된다. 애인을 생각하거나 텔레비전의 채널을 바꿀 때 그것이 가동되는 것은 아무런 의미가 없다.

지식의 구성주의

지식을 이렇게 이해하면, 어떤 사항이 전해진 순간에 바로 지식으로서 정립되는 일은 원칙적으로 없다는 것이 쉽게 이해될 것이다. 전해진 사항이나 책에서 읽은 내용이 어느 정도의 범위를 설명하는가? 그것은 다른 지식과 어떻게 관계하는가? 그리고 어디에서 사용되는가? 그러한 것을 생각하는 작업을 하지 않는다면 이 사항은 단지 기억으로 남을 뿐 지식이 되지 못한다.

이런 사고방식을 구성주의constructivism라고 부른다. 상대방에게 얻은 정보와 기억이 지식이 되기 위해서는, 그 소재들을 활용해 지식으로 구성해가야만 한다. 구성하는 주체는 물론 '당신'이다. 당신이 지금까지 한 경험은 다른 사람과 다를 것이며 앞으로 맞닥뜨릴 상황도 다를 것이므로 구성되는 지식은 사람마다 조금씩 달라진다. 더 많은 관련 지식과 연결 짓거나 그 지식이 설명하는 사항을 많이 경험한 사람이 구성하는 지식은 퀴즈를 풀 때처럼 단순히 암기한 사람의 지식과는 전혀 다른 것이 된다. 어려운 말로 한다면, 지식은 '속인적屬人的'인 것이다.

몇 마디 보충해두고 싶다. 첫 번째는 "스스로 생각해서"라고 말했지만, 그것은 결코 의식적으로 생각하는 것만을 의미하지는 않는다. 5장에서 자세히 서술하겠지만, 우리에게는 '무의식의 작용'이라는 것이 있다. 이것이 멋대로 그때까지 쌓아온 여러 가지 다른 지식과 결합하게 해주며, 그것이 작동하는 장소도 멋대로 찾아주는 경우가 종종 있다. 머리를 싸매고 "이 지식은 어디에 쓸 수 있지? 다른 지식과 어떤 관계가 있지?"라고 고민하지 않아도 되는 일도 많다. 그런 의미에서 '지식은 창발한다'고 말해도 좋을 것이다.

두 번째는 전달받은 내용에 대해 금방 '아, 그렇구나'라고 생각하게 되는 경우에 대해서다. 이 경우는 전달받은 정보나 그에 대한 기억을 바탕으로 지식을 구성하기 위해 이미 충분한 경험이나 관련 지식을 가지고 있는 경우에 해당한다. 그렇기에 노력하는 사람에게 하는 충고는 금방 전달되는 듯이 보이는 것이다. 덧붙여 말하자면, 이처럼 자동적으로 생긴 경험이 지식은 전달할 수 있다는 신념을 지탱하고 있는 것일지도 모른다. 반면 아무것도 하지 않는 사람에게는 같은 것을 말해도 아무것도 전달되지 않는다. 기껏해야 기억에 멈춰 있을 뿐이다.

세 번째는 그렇다면 기억은 아무런 의미도 없는 것일까라는 점에 대해서다. 이 질문에 대한 답은 '있다'든가 '있을 때도 있다'이다. 전혀 경험이 없는 단계에서 무엇인가를 배워도 그것은 거의 의미가 없다. 그러나 당신은 성장하고 경험을 거듭한다. 이러한 단계가 되면 과거에는 종잡을 수 없던 것이 의미를 가지게 되는 일이 일어나기도 한다. 그래서 정보의 전달과 그 기억이 의미가 없다고는 할 수 없다.

아이를 포함해 학습 중인 사람이 지식을 만드는 것 같은 엄청난 일을 할 리가 없다고 생각하는 이도 많을 것이다. 그러나 그렇지 않다는 점은 인간의 역사가 증명하고 있다. 미지의 문제를 풀려고 노력하는 과학자들은 도중에는 그 누구도 답을 알지 못한다. 문제를 푸는 데 필요한 지식도 충분하지 않다고 할까, 무엇이 필요한 지식인지조차도 모른다. 그러나 집단의 힘으로 그것을 만들어내온 것이다. 이와 같은 일은 좀 더 작은 조직, 학교, 회사 같은 곳에서도 실제로 일어나고 있다. 그렇기에 아이는 성장하고, 회사는 사업을 계속하고, 인류는 진보한다. 여기에는 협동, 다시 말해 집단의 힘이 큰일을 했다. 이에 대해 자세히 논의하지는 않겠지만, 최근 시로미즈 하지메白水始의 『대화의 힘対話力』이라는 훌륭한 책이 출판되었으니 읽어보길 바란다(책의 제목이 '대화력'이지만 대화'능력'을 말하는 것은 아니다. 대화가 가진 힘이라는 의미다).

인재개발과 조직개발 분야의 연구에서 대활약하고 있는 나카하라 준中原淳은 "지식의 소비자에서 지식의 생산자가 되어라"라고 말했다. 나도 그렇게 생각한다. 배운 것을 달달 외운 뒤 그것을 적당한 상황에서 활용한다는 생각은 버리는 것이 좋다.

신체화된 지식과 시뮬레이션

인간의 인지과정과 지식의 구축과정에 관한 연구는 최근 20년 동안 극적으로 변화했다. 그 열쇠는 바로 '신체화身体化, embodiment'에 있다. 운동기능이 신체와 연결되는 것은 누구나 바로 인정하겠지만, 지식 전반, 예를 들어 한자의 습득과 수학 개념의 이해 같은 것이 어떻게 신체와 연결될지, 이와 관련해서는 많은 사람이 고개를 갸우뚱할 것이다.

이에 대해서는 신체화와 신체성 인지라는 분야를 개척

한 영국 글래스고 대학교 로렌스 W. 바살로우Lawrence W. Barsalou의 견해에 따라 서술하겠다. 실은 우리가 물체를 파악할 때 우리는 매우 풍부한 경험을 하게 된다. 여기서 풍부하다는 것은 여러 가지 감각이 총동원된다는 의미다. 사과를 최초로 보거나 먹었을 때, 사과의 모양이나 색, 껍질 등과 관련된 시각 정보뿐만 아니라 향기 같은 후각 정보, 만졌을 때의 촉각 정보, 먹었을 때의 미각 정보, 식감과 관련된 정보, 무게와 관련된 심부深部감각 정보 등 다양한 정보를 얻을 수 있다. 이러한 정보는 그것을 수용하는 뇌의 각 부위를 활성화시킨다. 나아가 그 부위들이 동시에 활성화되면, 그 부위들 사이에 네트워크가 만들어진다. [그림 2-1]에 그

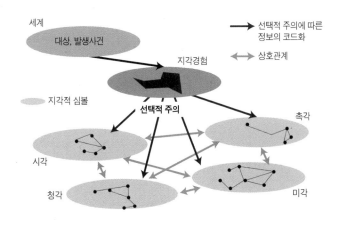

[그림 2-1] **정보의 다감각지각 네트워크**

것을 표시해보았다.

다시 말해 다양한 감각 정보와 그에 대한 감정 등이 서로 연결되어 경험을 만들어내는 것이다. 거기에서는 네트워크의 어느 부분이 활성화되면, 그 사이의 링크를 통해 다른 감각이 활성화된다. 사과를 보면 과거에 먹었을 때의 미각 정보가 활성화되고, 심부감각도 활성화된다. 그래서 적당한 침이 분비될 것이고, 사과를 먹기 위해 신체가 준비하게 된다. 이것은 일종의 시뮬레이션이라고 생각할 수 있다.

이러한 견해를 지지하는 연구는 다감각지각多感覺知覺, multi-modal perception 분야에서 활발히 이루어지고 있다. 어떤 감각 정보를 주면, 그와 함께 다른 감각이 일어난다. 이와 관련해 잘 설계된 실험이 많이 수행되고 있으나, 그중에 이해하기 쉬운 것은 안드로이드(사람과 흡사한 로봇) 개발로 유명한 이시구로 히로시石黑浩의 경험이다(石黑浩, 『로봇이란 무엇인가―인간의 마음을 비추는 거울ロボットとは何か―人の心を映す鏡』, 강담사현대신서講談社現代新書). 그는 다양한 안드로이드를 제작해왔는데, 그가 최초로 개발한 안드로이드는 자신의 딸과 매우 닮은 로봇이었다. 완성 직후의 안드로이드를 처음 봤을 때 그는 딸의 냄새를 느꼈다고 말했다(물론 그 로봇이 냄새까지 구현한 것은 아니었다). VR(가상현실)에서는 이러한 감각이 쉽게 얻어진다. 이 분야에서 첨단 연구를 진행하고 있는 나루미 다쿠지鳴海拓志는 재미있는 에피소드

를 소개한다. 아름다운 소녀가 귓가에서 속삭이는 듯한 VR 게임을 하다 보면, 유저는 귓가에 입김을 느낀다고 한다. 다만 누구나 느낀다는 것은 아니다. 호스트클럽의 종업원은 느끼지만, 그의 연구생(도쿄대 학생)들은 느끼지 않았다고 한다. 이는 각 감각 간의 네트워크가 형성되어 그중 몇 개인가 활성화되면, 본래는 활성화되지 않았던 감각 네트워크까지 활성화되어버린다는 것을 보여준다. 한편 그런 네트워크가 없는 사람에게는 그 감각이 생겨나지 않는다.

그러나 이는 경험의 기억을 토대로 한 것으로, 지식이라고는 부를 수 없다. 경험 후에 동일한 경험이나 유사한 경험을 거듭함으로써, 그중에서 언제나 체험할 수 있는 부분과 그렇지 않은 부분을 구별한다. 다시 말해 본질적인 요소와 그렇지 않은 요소의 구별, 그리고 본질적인 요소 간의 연합이 생겨난다. 이에 따라 일반성이 생긴다. 조금 더 자세히 말하면, 언제라도 나타나는 감각들 사이에는 강한 결합이 생겨나 서로 영향을 미친다. 반면 어떤 상황에서만 생기는 고유한 감각은 기억으로는 남을지도 모르지만, 다른 감각과의 연결은 옅어진다. 이로써 일반성이 보장된다.

나아가 그 네트워크는 다른 경험, 예를 들어 복숭아나 배의 네트워크와 서로 연결됨으로써, 관계성이나 상황대응성이 보장된다. 그래서 사과, 복숭아, 배는 수분이 많고 달콤하다는 성질이 공유되고 있다는 것을 알 수 있고, 또 사과는 복숭아보다 딱딱하고 배보다는 수분이 적다는 것도 알 수 있다. 또한 사과를 잡기 위한 손의 형태나 적당한 악력 등도 몸의 움직임과 연동해 알 수 있게 되는 것이다. 이를 [그림 2-2]에 모식模式으로 표시해보았다.

이렇게 해서 신체를 매개로 한 다양한 감각경험의 기억이 일반성, 관계성, 상황대응성을 갖춘 지식으로 '구축'되는 것이다.

학교에서 몇 년간 영어를 배워도 말하기와 듣기가 전혀 안 된다는 이야기가 많이 들리곤 한다. 한편 외국에서 거주한 적이 있는 일본 아이들은 부모를 능가하는 영어능력을

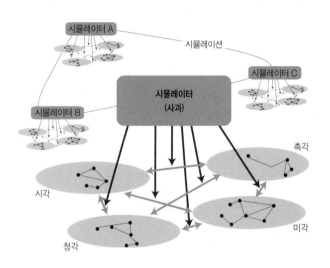

[그림 2-2] **시뮬레이션**

갖춘다고 한다. 이것이 왜 그런지는 아이의 뇌의 가소성可塑性이나 임계기臨界期 등으로 설명되기도 한다. 그러나 지금까지 살펴본 것에 따르면 설명은 간단하다. 일본에서는 학교에서 배우는 영어가 신체화되지 않은 것이다. 영어 시간에 문자로서 접하기만 하고, 영어로 생활하는 일은 없다. 거기에서는 'apple→사과'라는 기호끼리의 연결만 가능할 뿐이다. 한편 영어권에서 성장한 일본 아이들은 유치원이나 학교에 던져져 깨어 있는 시간의 3분의 1에서 4분의 1 정도를 영어를 쓰며 지낸다. 그들의 영어는 자신의 경험을 구성하는 다양한 감각과 결합해 신체화되어 있다. 이것이 아이들의 빠른 영어 습득을 돕고 있다.

언어를 통한 전달이 수월하지 않은 이유

사람은 언어와 그에 대응하는 개념을 가짐으로써 세계를 조직화하고 질서 정연한 형태로 타자에게 그것을 전달할 수 있게 되었다. 또한 그것을 전달받은 사람은 자신이 직접 경험하지 못한 것을 지식으로 비축해서, 실로 다른 사람에게 편승해 생활해나갈 수 있게 되었다. 이로써 사람은 유전자나 직접 경험을 통한 학습의 굴레를 벗어나 문화적 학습cultural learning을 할 수 있게 되어, 진보의 속도를 비약적으로 상승시켰다고 한다.

그 반면 학교, 대학, 직장, 사회에서 학습이 얼마나 느린 지, 거기에 얼마나 오해가 생기는지는 많은 사람이 충분히 경험했을 것이다. 다시 말해 어느 정도 복잡한 것이 언어만 으로 전달되거나 학습되는 일은 드물게 일어난다고 해도 결코 지나친 말이 아니다.

그것은 앞의 절에서 서술한 대로 만들어지는 감각과 지 식 사이의 네트워크가 언어로는 다 말할 수 없을 정도로 풍 부한 내용을 포함하고 있기 때문이다. 실제로 사과가 무엇 인지를 가르쳐주는 상황에서 자신의 여러 가지 감각 네트워 크의 구성요소들과 그 요소들 사이에 있는 연결 정도의 강 약까지 모두 언어로 표현할 수 있는 사람은 없을 것이다.

또한 언어는 만능선수가 아니다. 잘할 수 있는 것과 잘하 지 못하는 것이 있다. 언어는 전체성을 가진 상황이나 대상, 직감적인 이해를 표현하는 데 적합하지 않다. 심지어 그런 것을 언어로 표현하다 보면, 오히려 인식이 저해되는 일도 있다. 예를 들어 사람의 얼굴이나 목소리는 언어로 표현하 는 것이 어렵다. 이를 무리하게 시키다 보면 오히려 인식의 저하가 일어난다. 언어은폐言語隱蔽, verbal overshadowing라 는 현상은 바로 이러한 것을 보여주고 있다. 어떤 실험에서 는 피험자에게 비디오를 보여주고, 비디오에 나온 인물의 얼굴 특징을 최대한 자세하게 묘사하도록 했다. 그 후 그 인물을 포함해 여러 사람의 얼굴 사진을 보여주며 누가 비디오에 나왔는지 지적하도록 했다. 그랬더니 언어로 묘사한 사람들의 정답률은, 그것을 하지 않고 그 사이에 전혀 다른 작업을 한 사람들보다도 낮았다.

게다가 우리의 감각 네트워크는 의식할 수 없는 것도 포함하고 있다. 이와 관련해서는 5장에서 자세히 다루는데, 우리는 의식하지 못하는 무의식적 정보도 받아들이며, 그 영향을 받고 있다. 그러므로 신체화된 지식의 구성요소에는 무의식적인 정보가 확실히 들어가 있다. 이러한 정보는 본인 자신이 의식할 수 없기에 그것을 전달하는 것 또한 당연히 불가능하다.

또한 언어는 원래 다의적이다. 그렇기 때문에 입 밖으로 꺼낸 말이 어떻게 해석되는지는 듣는 사람이나 상황에 따라 크게 변화한다. 예전에는 인덕천황릉仁德天皇陵, 지금은 대선릉大仙陵 고분이라 불리는 무덤은 보통 전방후원분前方後円墳으로 분류된다. 나도 반세기도 전에 학교에서 그것을 배워 아무 생각 없이 외웠다. 그러나 몇 년 전에 갑자기 '그 반대가 아닐까?'라는 생각이 들었다. 전방후원분이라면 앞이 방方형이고 뒤가 원円형을 이루어야 하지만, 대부분의 사진을 보면 원형부가 위로, 방형부가 아래로 되어 있다. 이를 본 대다수는 자연스럽게 '전원후방분'이라고 하지 않을까? 유래에 따르면, 처음 이렇게 이름을 붙인 사람이 이 무덤을 옆면에서 보고 우차牛車와 닮았다고 생각해 방형 부분을 소가 끌고 있는 모습, 원형 부분을 사람이 타고 있는 곳이라고 해석했기 때문이라고 한다. 다시 말해 무덤에 이름을 붙인 사람이 처했던 상황과 그 사람의 언어표현은 서로 떼어놓을 수 없다는 것이다.

이렇게 듣는 사람의 시점이나 상황에 따라 언어는 그 의미가 크게 달라진다. 그러므로 그 영역에서 경험이 풍부한 사람이 경험이 없는 사람에게 언어로 무언가를 전달하려 할 때는 차질이 생길 가능성이 매우 높다고 생각하지 않으면 안 된다.

상황의 자원

인지와 지식이라고 하면 심사숙고나 로댕의 생각하는 사람과 같은 이미지가 떠오를지도 모른다. 그러나 사고를 포함한 사람의 인지라는 것은 머릿속에서 완결되는 것이 아니다. 우리는 어떤 상황과 환경 속에서 인지 활동을 한다. 또한 행위를 통해 환경에 작용해서 환경을 변화시키고, 그것을 지각해 정보를 취득하고, 다시 그에 따른 인지 활동을 한다. 환경은 다양한 정보를 제공해줄 뿐만 아니라 기억을 대체해주거나 해야 할 과제를 간단하게 만들어준다. 다른 책

에도 썼지만, 목욕물을 데울 때 어떤 시점에서 멈추면 좋을
지는 목욕물의 용적, 데우기 전의 물 온도, 기온, 목욕탕의
화력 등으로 계산할 수 있지만, 실제로 이를 계산하는 사람
은 없다. 물에 손을 넣어보면 바로 알 수 있기 때문이다. 집
에서 학교까지 가는 길에 대한 정확한 지도 같은 지식은 누
구도 갖고 있지 않다. 걷기 시작하면 어디에서 돌지, 얼마나
직진할지는 딱히 의식하지 않아도 환경이 가르쳐주기 때문
이다.

또한 실행이 가능한 행위는 신체의 형상과 깊이 관련되
어 있다. 우리는 네 개의 돌기물(수족을 말한다)을 가지고, 그
중 두 개를 의지해 똑바로 서서 생활하고 있다. 그러면 머리
아래 신체의 앞면은 거의 모두 볼 수 있다. 다시 말해 자기
가 어떤 모습을 하고 있는지 꽤 잘 이해할 수 있다. 이것은
자기自己라는 것의 성립과 깊은 관계를 맺는다. 그리고 손
이 자유롭게 움직이고, 또한 적당한 길이의 손가락이 있으
며, [손가락을 구부렸을 때] 엄지손가락은 다른 손가락과 마주
하는 위치에 놓여 있다. 이는 상당히 고도의 조작을 가능하
게 만든다. 이런 손의 구조를 가지지 못한 동물들은 고도의
석기 같은 것을 만들 수 없다.

다시 말해 인지와 환경은 특정한 형상을 한 신체가 만들
어내는 행위에서 발생한 사이클cycle, 루프loop로 되어 있
다.[3] 그렇다면 인지 활동에서 구축되고 이용되는 지식은 환

경이나 상황이 제공해주는 정보를 전제로 하고 있을 가능성이 있다. 보면 알 수 있는 것을 일부러 기억할 필요가 없고, 하면 보이는 것을 보기 전에 예측할 필요도 없는 것이다. 다시 말해 인지와 지식은 그 안에 이미 편입되어 있는 환경을 바탕으로 구축되고 이용되는 것이다.

그러므로 모든 것을 머릿속에 미리 저장할 필요가 없다. 인지 활동과 지식이 적절하게 환경에 작용함으로써 환경은 변화하고, 다시 환경은 대상에게 새롭게 만들어진 중요한 정보를 알아서 전해주기 때문이다. 이와 관련해 2021년에 출판되어 화제를 모았던 책으로 『인지증 세계에서 살아가는 법認知症世界の歩き方』(라이츠사ライツ社)이라는 책이 있다. 인지증인 분들의 여러 가지 사례가 나와 있는데, 그중에 "버스 하차 버튼 누르는 것을 깜박했다"라는 것이 있다. 이에 필요한 인지적 처리과정을 내 연구실에 있었던 하나와 다카요시塙隆善가 목록을 만든 결과, 다음과 같은 긴 목록이 만들어졌다.

1. 조작의 대상과 실시하려는 조작을 의식한다.

---

3 인지심리학에서 사이클과 루프는 모두 인지기능에서 정보처리를 반복하는 과정을 말하는 것이지만, 사이클은 광범위한 개념으로 쓰이는 반면, 루프는 특정 업무를 실행하는 데 필요한 정보 처리과정을 가리킬 때 쓰인다. 예를 들면 기억 유지 사이클, 시각정보 처리 사이클, 단어 탐색 루프, 문제해결 루프 등이다—옮긴이.

2. 조작이 완료될 때까지 다음의 행위를 반복한다.

　(a) 조작의 대상을 지각한다.

　(b) 조작의 순서와 관련된 기억을 상기한다.

　(c) 조작을 위한 예측을 구동한다.

　(d) 예측에 에러가 발생하면, 에러를 해소하기 위한 행
　　　위를 예측한다.

　(e) 행위를 위한 감각입력을 예측한다.

　(f) 예측에 상응하는 행위를 한다.

3. 조작이 완료된 것을 인식한다.

　단지 하차 버튼을 누른다는 극히 단순한 행위에도 이만큼의 개별적 인지와 조작이 필요하다. 이런 것을 우리가 매번 새롭게 머릿속에 주입하고 있는 것일까? 그렇지는 않을 것이다. "내려야 한다"는 생각이 떠오른다(목록의 1), 옆에는 하차 버튼이 보인다(목록 2-a), 그래서 그 버튼을 누른다(2-f) 정도일 것이다. 그리고 (a)부터 (f)의 대부분은 3장에서 논하게 될 매크로macro화(자동화)가 일어나므로 의식되지 않는다. 그리고 누르면 버튼의 색이 변하므로 3번 과정도 실제로는 필요가 없다.[4] 이처럼 환경은 인지와 행위를 받

4　물론 이것은 의식 수준의 분석으로, 뇌와 신경에서 일어나는 활동은 대개 위 목록과 비슷하게 형성된다.

쳐주고 있다.

다만 누구나 이용할 수 있는 환경과 상황의 자원도 있지만, 특정한 사람만 이용할 수 있는 자원도 있다. 또한 연습을 거듭하지 않으면 이용할 수 없는 환경과 상황의 자원도 있다. 따라서 환경과 접하는 방법도 중요하다. 30년쯤 전에 대학에서 워드프로세서 활용법을 가르쳤던 때의 풍경이 떠오른다. 당시에는 문과 계열의 경우, 워드프로세서를 경험한 학생이 적고, 그것을 이용해 보고서를 작성할 수 있는 사람이 5퍼센트 정도밖에 없었다. 그래서 가르쳤던 것인데, 실제로 간단한 조작(예를 들어 자르기와 붙이기)도 전혀 하지 못하는 학생이 일고여덟 명 중에 한 명꼴로 나왔다. 학생이 열심히 듣지 않았기 때문이라고 생각할지도 모르나, 사태는 정반대였다. 그런 학생에게 가서 보니 내가 설명한 순서를 전부 정성껏 노트에 필기하고 있는 경우가 많았다. 다시 말해 그들은 전부 내부처리, 즉 기억함으로써 배우려고 했던 것이다. 이것은 완전히 틀렸다. PC는 어떤 조작을 하면, 그에 따라 화면이 변하면서(메뉴가 나타나거나 화면이 흑백으로 반전되거나) 그것이 다음 조작을 하게 만든다. 이러한 환경의 정보를 잘 이용하는 것, 즉 환경과 밀고 당기기를 잘하는 것이 요령이지만, 이것을 못 하는 학생들은 "한눈도 팔지 않고" 조작을 통째로 암기하려고만 한다. 이것이 그들이 실패한 원인이다.

내 연구실에서 박사 논문을 집필 중인 요코야마 다쿠橫山拓는 비약적으로 성장하고 있는 기업의 유능한 매니저의 행동을 상세히 분석하고 있다. 여기서도 환경과 상황의 자원이 훌륭하게 이용되고 있는 것을 확인할 수 있다. 다만 여기에서 환경은 주로 사람, 곧 타인이다. 매니저라면 계획을 세우고, 그것을 부하에게 정확하게 전달하며, 그 동향을 감시하는 업무를 수행한다는 이미지가 있을지도 모르지만, 실제로는 완전히 반대다. 매니저는 사무실을 어슬렁거리다 부하와 마주쳤을 때 그에게 부탁한 업무를 떠올리고는 이야기를 한다. 그러자 관련 업무가 생각나 그 업무를 담당한 사람의 자리로 간다. 부하들도 그런 상사를 보며 보고해야할 것을 떠올려 그가 있는 곳으로 향한다. 그러면 매니저는 의식의 깊숙한 곳에 잠들어 있던 처리하지 않으면 안 되는 것을 떠올리게 된다. 즉, 여기서는 타인이 환경의 자원으로 되어 있는데, 매니저는 그것과 접촉함으로써 방대한 업무 목록을 기억하거나 추진과정을 감시하는 업무에서 오는 부담을 줄이고 있는 것이다.

이런 것을 우리 학계에서는 오프로드off-load라고 부른다. 길이 없는 산야를 달리는 오프로드 바이크의 오프로드와는 다르다(이쪽은 off-road). 머릿속에 걸리는 부담을 줄인다는 의미다. 다시 말해 머릿속에서 기억하거나 처리하는 과정에서 부담이 되는 인지적 작업을 머리 밖의 세계에 분담시킨다는 뜻이다. 우리가 일상적으로 수행하는 작업을 상세히 분석해보면, 단순한 것이라도 꽤 여러 단계를 거쳐야만 하는 경우가 많다. 그러나 아쉽게도 우리의 뇌는 몇십 단계나 되는 작업이나 그에 따른 처리와 감시를 수행하기에 적합한 기관으로 만들어져 있지 않다. 그럼에도 그것이 가능한 것은 행위에 따라 발생하는 환경의 변화를 자원으로 삼고 다음 조작을 수행하는 오프로드에 따라 환경과 서로 대화하면서 인지 활동이 진행되기 때문이다.

사실적 지식관에서 사건적 지식관으로

상황대응성이라는 것이 (유용한) 지식을 생각하는 과정에서 중요하다고 앞에서 밝혔다. 그러나 여기에는 난제가 포함되어 있다. 만약 지식에 상황대응성이 있다면, 지식은 상황 정보를 포함하고 있지 않으면 안 된다. 그러나 향후 마주하게 될 모든 상황에 관해 그것을 사전에 예상하고 지식에 미리 첨부해두는 것은 불가능하다. 어떤 상황을 마주하게 될지 미리 알 수 없기 때문이다. 이 문제는 인공지능 분야에서는 프레임 문제라고 불리며, 해결할 수 없다고 여겨진다.

이러한 것은 지식을 마치 물건처럼 생각하다 보니 발생하는 역설이다. 상황에 잘 대응할 것 같은 물건이 우리의 기

억이라는 서랍에 들어 있어 그 서랍 속을 잘 정리해두면, 찾고자 하는 지식은 금방 찾을 수 있다, 그런 이미지다. 이를 '사실적モ/的 지식관'이라고 명명해두겠다.

전문가들도 사실적 지식관을 가지고 연구를 진행해왔다. 지금까지 인지과학도 포함해서 마음의 과학은 지식을 물건처럼, 곧 실체로 이해한 긴 역사가 있다. 이에 대해 자세히 서술하지는 않겠지만, 심리학은 스키마, 프레임, 스크립트, 룰(규칙), 신경망을 모방한 네트워크 등 지식의 표현방법을 여러 가지로 강구해왔다. 이들은 모두 지식을 실체화하고 물건으로서 이해해왔다. 그러나 이런 접근방법은 곧 상황대응성 문제와 맞닥뜨리게 된다. 그 지식을 적용해야 할 방대한 상황 정보를 어떻게 표현할지 모르게 되어버리기 때문이다. 이들 방법이 실패한 역사가 이를 증명하고 있다.

한편 이 장에서 살펴본 것처럼, 지식은 여러 가지 감각의 경합과 협조에 따른 다감각 시뮬레이션이라는 것, 그리고 인지 활동이 환경이나 상황의 자원을 충분히 활용하고 있는 것은 지식이 물건으로서 존재하는 것이 아니라 그때그때 만들어진다, 곧 창발된다는 것을 나타내고 있다. 지식에 대한 이와 같은 창발적 견해를 '사건적コ卜的 지식관'이라고 부르기로 한다.

이를 76쪽 [그림 2-3]을 통해 나타내보았다. 우리는 어떤 목표를 가진다(이 문제를 풀고 싶다든가, 카레를 만들고 싶다,

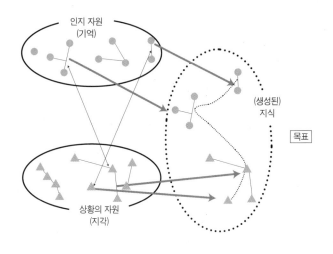

[그림 2-3] **생성되는 지식**

친구에게 연락하고 싶다 등등). 물론 그런 목표가 허공에서 생겨나지는 않는다. 특정한 상황(시간적, 공간적) 속에서 생긴다. 거기에는 인지를 뒷받침하는 여러 가지 상황의 자원이 존재한다(종이와 연필, 돼지고기와 카레 소스, 스마트폰, 친구 등등). 물론 상황 속에는 무익한, 혹은 적절한 인지 활동에 무익하거나 아예 유해한 자원도 존재한다. 이런 것들을 그림에서 '상황의 자원'으로 기재했다. 또한 우리는 텅 빈 머리로 그 상황에 직면하는 것이 아니다. 그때까지 경험한 기억을 가지고 직면한다(미분함수 구하기, 돼지고기 취급법, 스마트폰 조작법 등등). 이것을 인지 자원이라고 왼쪽 위에 표시했다.

상황의 자원과 경험의 자원[인지 자원] 사이에 있는 화살표는 그들 간의 관련성을 표시한다. 상황 속의 요소가 기억을 소환한다는 것은 비교적 흔한 이야기라고 생각하는데, 그것을 표현하고 있다. 물론 그 역방향의 움직임도 있다. 어떤 기억이 떠오름으로써 상황 속의 요소가 강조되는(곧 주의를 끌게 쉽게 되는) 것도 흔한 이야기다.

이런 두 개의 자원이 목표가 가진 유인력에 따라 소환되어, 그것들이 뒤섞인 가운데 시뮬레이션을 통해 조직화된다. 그러한 것을 우리는 지식이라고 부른다. [그림 2-3]에서 나타내고 있는 것은 그러한 역동적이고 상황에 적응하는 지식의 성질이다. 상황에 적응한다는 것은 상황과 환경 속의 자원과 우리 내부에 있는 인지 자원이 잘 맞물렸다는 것을 의미한다. 그러므로 그 결과 생성되는 지식과 그에 바탕을 둔 행위가 반드시 합리적이라든가, 적절하다든가, 그러한 것을 의미하지는 않는다.

또한 사건적 지식관의 등장은 기존의 사실적 지식관만으로는 이제 충분하지 않다는 점을 시사한다. 그것은 우리의 지식과 그에 바탕을 둔 행동이 어떤 특정한 상황이나 환경의 요소와 떼려야 뗄 수 없는 관계에 있다는 점이다. 지식은 [그림 2-3]의 '상황의 자원' 요소 없이는 성립하지 않는다. 달리 말하면 머릿속에서만 지식이 완결되는 것은 아니라는 점이다.

지금까지 살펴본 지식의 성질은 1장에서 서술한 문맥의 존성을 발생시키는 원인이기도 하다. 상황에 따라 전혀 다른 인지가 나타나는 것은, 바로 이용할 수 있는 상황의 자원이 매번 다르기 때문이다. 문제가 제공하는 정보라는 자원과 친화적인 경험의 자원이 꺼내진다. 문제를 푸는 데 유익한 자원이 환경에 존재한다면, 그것이 모여 환경의 자원과 더불어 유익한 지식을 생산한다. 반면 환경에 적절한 자원이 존재하지 않는다면, 또는 부적절한 인지 자원을 유인하는 것과 같은 정보가 있다면, 우리의 인지와 행위는 잘못된 방향으로 끌려가게 된다. 그것이 문맥의존성의 배후에 있는 메커니즘이다.

사건적 지식관이라는 것은 매우 기발한 생각이라고 평가하는 독자가 많을 것이다. 다른 사람도 말하고 있으니 옳은 것이라고 주장하고 싶지는 않지만, 인지과학의 안에서는 유사한 논의가 거듭되어온 역사가 있다. 이는 곧 작고 한정적인 인지 자원이 환경과 상호작용을 함으로써 지식을 창발한다는 관점을 취하는 연구가 이 책이 처음은 아니라는 것이다.

마지막으로 이 장에서(또 다음 장에서) 빈번하게 나오는 '자원'이라는 단어를 쓴 이유를 말하겠다. 자원이라는 단어는 원료와 같은 것을 의미한다. 일반적으로 원료는 그대로 제품이 되지는 않는다. 예를 들어 카카오 열매가 채취되는 곳에서 초콜릿이 생산되는 것은 아니라는 사실과 마찬가지다. 초콜릿을 생산하기 위해서는 다른 인적·물적·지리적 자원과 상호작용이 일어나지 않으면 안 된다. 인지 자원도 그렇다. 유익한 자원이 존재한다는 것만으로 훌륭한 인지가 창발되는 것은 아니다. 그 자원이 작동되기 위한 많은 다른 자원, 환경의 자원이 필요하다. 그리고 그 자원들을 잘 조합하는 것이 지식의 창발로 이어지는 것이다.

3장

향상하다:
연습을 통한 인지적 변화

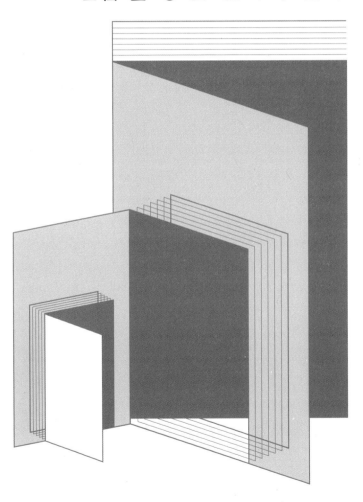

————————————————————————————

연습을 통한 향상에는 파동이 있어서 직선적으로 향상되는 것이 아니라 복잡한 형태를 그려낸다. 이 파동은 거기에서 쓰이는 복수의 자원이 매번 미세하게 다른 환경 속에서 상호작용하는 중에 창발한다. 그리고 그러한 파동은 다음 도약을 위한 토대가 된다.

이번 장에서는 연습에 따른 향상이라는 인지적 변화를 대상으로, 연습 중에 무엇이 일어나는지를 생각해보고자 한다. 3장 요약에서 그 결론을 먼저 밝혀두었다.

본론에 앞서서 이번 장의 접근방식에 대해 서술해두겠다. 프로 스포츠 선수나 프로 기사들이 쓴 책, 스포츠 기자들이 쓴 르포 등에서는 숙달에 대해 매우 흥미로운 사례가 많이 열거되어 있다. 이것들을 부정할 생각은 전혀 없을뿐더러 나 자신도 그런 책의 팬이기도 하다. 그러나 거기에서 보고되고 주장되는 것은 의식된 것뿐이다. 의식될 수 없으면 글을 쓸 수 없기에, 이는 당연하다.

그러나 향상·능숙·숙달의 과정에서는 말로 할 수 없는, 또 의식조차 할 수 없는 부분도 많이 존재한다. 골프 스윙에서 허리 회전을 더 빨리하라는 말을 들으면 그렇게 하려고 노력한다. 이는 의식적인 행동이다. 그러나 허리 회전을 빨리하기 위해서는 팔을 휘두르는 방법, 발의 움직임, 중심의 이동과 같은 복잡한 조정이 필요하다. 나아가 발가락에 걸리는 힘의 조절까지 포함된다. 이들 모든 것을 순간적으로 의식해내는 것은 불가능하다. 그래서 실전에서는 교본대로 몸을 움직일 수 없는 것이다.

다시 말해 어떤 의식된 운동은 의식할 수 없는 무수한 운동을 조정하는 가운데 창발된 것이다. 이 장에서는 그런 무의식 수준에서 작동하는 메커니즘을 밝혀내고자 한다. 그러므로 이후 서술하는 내용은 미시적micro 분석에 그 기반을 두었다.

향상과 연습

우리는 여러 가지 상황에서 연습을 한다. 구구단을 외우기 위해 몇 번이나 암송한다. 뜀틀을 잘 뛰기 위해 몇 번이나 연습을 반복한다. 공을 잘 치기 위해 몇 번이고 방망이를 휘두른다. 내일 발표를 위해, 잘 말할 수 있도록 연습을 거듭한다. 이런 연습을 통해 우리는 그것을 잘할 수 있게 된다. 다시 말해 향상된다.

이처럼 여러 가지 연습이 있는데, 여기서는 특히 기능, 스킬이라고 불리는 것에 초점을 맞추고자 한다. 스킬은 원래 기능이라고 번역되어온 것에서도 알 수 있듯이 신체와 관련된 것에 대해 쓰이는 일이 많았다. 이 경우는 정확하게는 운동 스킬motor skill이라고 불리는데, 이것은 신체 각 부위의 민첩하고 적절한 움직임을 돕는 것으로 여겨진다. 그러나 영어회화 스킬, 발표 스킬, 보고서 작성 스킬 등과 같이 신체운동과 관련이 적은 것에도 쓰이곤 한다.

스킬도 능력과 마찬가지로 직접적으로는 관찰할 수 없다는 뜻에서 인간이 만들어낸 가상의 개념이다. 스킬과 능력은 사람의 행위를 설명할 때 쓰인다는 의미에서는 같은데, 도대체 어디가 서로 다를까? 일반적으로 스킬이라고 하는 경우에는 연습과 훈련의 의미가 더 많이 강조되고 있는 것처럼 생각된다. 다시 말해 연습과 훈련을 반복함으로써 획득되는 게 스킬이라는 것이다. 반면 능력도 연습과 훈련을 통해 획득되는 경우가 있지만, 타고난 능력이라는 의미도 있기에 연습이나 훈련이라는 측면의 의미는 비교적 약해지는 일이 많다고 생각한다.

스킬이라는 말은 거의 일본어화되어 영어회화 스킬, 커뮤니케이션 스킬, 정보 스킬 등 여러 가지 상황에서 쓰이고 있다. 이것을 영어회화 능력, 커뮤니케이션 능력, 정보 능력 등으로 바꾸어 말하면 어떨까? 어렵게 느껴지지는 않을까? 반면 이것들이 스킬이라고 일컬어지면, 이번에는 무엇인가 될 것 같은 마음이 생긴다. 요컨대 연습하니 되네, 라는 안도감을 주는 것 같다. 그래서 여러 가지 지적 능력을 일부러 스킬이라는 말로 바꾸어 말하고 있는 것은 아닐까?

하여튼 연습을 통해 스킬을 익히면 재빨리 정확하게 행동할 수 있다. 이런 것을 보면 '기계처럼 정확', '조금도 틀림없다' 같은 이미지가 떠오른다. 이런 이미지는 대충 말하자면 맞을지도 모르지만, 세심하게 미시적으로 분석해보면 그것이 맞지 않다는 것을 알 수 있다. 이 장에서는 이에 대해 서술하고자 한다.

연습의 거듭제곱 법칙

연습을 하다 보면 여러 가지 변화가 일어난다. 처음에는 고생하면서 한 단계, 한 단계 하고 있던 것이 연습을 거듭하면서 서서히 부드럽고 신속하게 할 수 있게 되고, 마지막에는 단번에 거의 자동적으로 할 수 있게 된다. 이런 변화를 포착할 수 있는 가장 간단한 지표는 시간의 단축이다.

연습에 따른 시간의 단축에는 확립된 법칙이 있다. 그 법칙은 '연습(혹은 학습)의 거듭제곱 법칙the power law of practice'이라고 불리는 것이다. 이는 다음과 같이 나타낸다.

$$T = NP^C$$

T는 소요된 시간, P는 연습횟수를 나타낸다. N은 과제의

난이도로서 정수로 표시된다. 여기서 여러 단계의 과정을 밟는 복잡한 행위의 N은 큰 수치가 된다. 적당히 어려움의 정도라고 말해도 무방할 것이다. 그렇기 때문에 N은 정수가 된다. 반면 소문자 c는 정수로 학습률을 표시하며, '-1~0' 사이의 수치를 취한다. '-1'의 경우에는 'T=N/P'가 되므로 시간과 연습횟수는 반비례 관계가 된다. 한편 '0'의 경우에는 'T=N'이 되므로 연습의 효과가 전혀 없는 것이 된다. 그러므로 학습률은 c가 -1이면 최대, 0이면 최소가 된다(숫자의 크기와 학습률의 크기가 서로 반대가 되어 복잡하지만).

혼란스러운 분도 있을지 모르지만, 이 법칙이 나타내는 것은 매우 간단하다. [그림 3-1]을 봐주길 바란다. 이것은 뒤에서 언급할 내 연구에서 밝혔던 내용인데, 어떤 작업에 걸리는 시간이 연습에 따라 감소한 사실을 나타낸 것이다. 위는 소요시간과 연습횟수를 그대로 반영한 그래프다. 반비례 그래프처럼 보일 것이다(실제로 반비례는 아니지만). 한편 아래 그래프는 x축과 y축을 로그로 나타낸 그래프인데, 이렇게 하니 거의 직선처럼 된다. 한 눈금만큼 감소하는데, 처음에는 열 번의 연습으로 되었지만, 또 그만큼 줄이려면 100번의 연습이 필요하다. 다시 말해 연습을 시작한 처음에는 시간이 많이 단축되지만, 연습을 거듭할수록 소요시간이 감소하는 데에는 시간이 걸린다는 것이다.

이런 체험을 떠올리는 사람도 있지 않을까? 무엇인가를

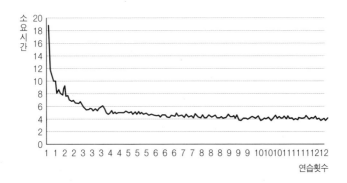

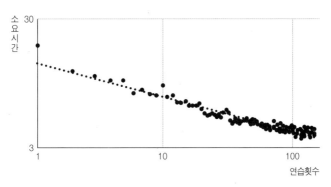

[그림 3-1] **연습의 거듭제곱 법칙**
위는 통상의 그래프, 아래는 로그 그래프에 해당한다.

연습했을 때 처음에는 소요시간이 쑥쑥 감소한다. 그러나 그것을 몇 년이나 하고 있으면, 소요시간을 아주 조금 줄이는 데에도 몇 년이나 걸리곤 한다. 나는 중학생 때 단거리 육상을 했는데, 바로 그것을 떠올린다. 당시 시작했을 때에는 눈 깜짝할 사이에 쉽게 몇 초 단위로 기록이 단축되었다.

그러나 어느 시점부터는 0.1초를 줄이는 데 연年 단위의 시간이 걸렸다(웃음거리가 될까 봐 내 실제 기록은 밝히지 않는다).

이 법칙을 따르는 인간의 행동은 매우 많다. 궐련 공장에서 오래 일한 사람이 궐련을 하나 마는 데 걸리는 시간, 간단한 계산에 걸리는 시간, 단어의 판정에 걸리는 시간, 짧은 문장의 독해시간, 퍼즐의 해결시간 등 몇십 번 혹은 몇천 번을 거듭했을 때 걸리는 시간은 거의 거듭제곱 법칙에 따르고 있음을 알 수 있다.

연습을 통해 무엇이 변하는가?:
매크로화와 병렬화

연습을 통한 소요시간의 단축은 무엇 때문에 일어날까? 여기서는 내 연구실에 소속된 다케바 치에竹葉千惠와 나의 오랜 친구인 오니시 진大西仁과 함께한 연구를 소개하고 싶다. 연습의 거듭제곱 법칙을 연구할 때 수십 번 정도 시행해서 일어난 변화를 추적하는 것만으로는 부족하다. 그래서 적어도 수천 번 정도의 학습과정을 관찰하기로 했다. 다만 가령 천 번 단위라 하더라도 한 번 실행하는 데 몇 분이나 걸리는 것이라면 너무나 긴 시간이 필요하게 된다. 그래서 어느 정도 익숙해지면 4~5초 정도에 끝낼 수 있는 과제

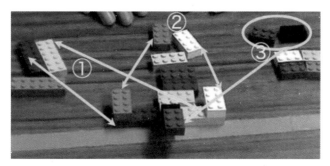

[그림 3-2] 블록 조립하기 과제
손 앞의 견본과 동일하게 조립한다. 불필요한 블록도 섞여 있다.
번호는 이 참가자가 조립한 순서를 나타낸다.

를 생각해냈다. 그것이 [그림 3-2]에 제시한 블록 조립하기 과제다.

　이런 실험은 참가자를 수십 명이나 불러서 하는 것이 거의 불가능하다. 그래서 한 여성에게 요청하기로 했다. 매우 진지한 분으로, 거의 매일 열두 시간씩 참가해서 2,325회나 반복해주었다. 첫날 첫 회에는 38.6초가 걸렸지만 12일째 최종일의 최단 기록은 2.83초가 되었다. 다시 말해 90퍼센트 이상이나 단축되었다. 대단한 연습의 효과라고 생각한다. 진지하게 실험에 임해준 여성 참가자에게 감사의 인사를 전하고 싶다.

　하여튼 이런 극적인 향상은 대체 무엇에 뒷받침되고 있는 것일까? 하나는 우리 학계에서 '매크로화'라고 부르는 것이다. 1회차 실험에서는 블록을 한 개씩 연결하고는 견본을 보고, 다음 블록을 연결하는 식으로 한 단계씩 차례대로 수행한다. [그림 3-2]에서 말하자면, 처음에 오른쪽 부분의 토대가 되는 블록을 가져와서, 견본을 보고 그 위에 연결할 블록을 찾아 가져온다는 식이다. 여기에서는 하나하나의 이동과 연결이 단락 지어진 형태로 이루어진다. 굳이 도식화하면 아래와 같은 형태가 된다(원래 이는 대략적인 것으로, '첫 번째 블록의 이동' 중에도 시선의 이동, 손의 이동, 블록 쥐기 등이 포함되어 있다).

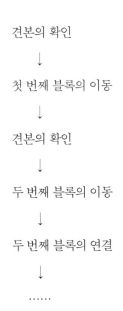

견본의 확인

↓

첫 번째 블록의 이동

↓

견본의 확인

↓

두 번째 블록의 이동

↓

두 번째 블록의 연결

↓

……

그러나 연습을 거듭하다 보면, 블록의 배치를 기억하는 것뿐만 아니라 다음에 해야 할 일도 빠르게 기억해내기 때문에, 위의 작업은 갈수록 일거에 이루어지게 된다. 위에서 말한 방식에 따르면 다음과 같이 적을 수 있다. 여기서는 어떤 부분이 통합되어 그것들이 일련의 동작으로 수행된다. 이러한 것을 우리는 '매크로화'라고 부른다.

첫 번째 블록과 두 번째 블록의 이동과 연결

↓

세 번째 블록과 네 번째 블록의 이동과 연결

↓

……

매크로화만큼이나 중요한 것이 병렬화並列化다. 실험에 참가한 여성은 오른손잡이이므로 처음에는 오른손으로 조작을 하고, 왼손은 그 보조라는 역할 분담이 이루어졌다. 예를 들어 오른손으로 블록을 이동시켜 그것을 왼손으로 고정한다. 그리고 이어서 오른손은 다음 블록을 이동시켜 왼손으로 지탱하고 있는 처음 블록에 연결한다. 한편 연습을 거듭할수록 오른손이 조작하고 있는 도중에 왼손이 별개의 조작을 하게 된다. 요컨대 오른손으로 조작하면서 왼손으로도 다른 조작을 할 수 있게 되는 것이다.

이처럼 매크로화와 병렬화가 가능해짐에 따라 소요시간이 큰 폭으로 단축된다. 처음에는 하나씩 나누어 견본을 보면서 하던 작업이, 나중에는 양손을 동시에 움직이면서 한꺼번에 할 수 있게 된다. 독자에게 별로 흥미 없는 블록 쌓기라는 과제로 이야기해서 잘 이해되지 않을지도 모르지만, 이러한 것은 단순한 스킬의 실행에서 보편적으로 관찰되고는 한다. 자동차 교습소에서 처음 운전할 때는 하나하나의 조작을 순서대로 확인하면서 할 것이다. 그러나 운전에 능숙해지면 시동에서부터 발진까지의 조작은 거의 막힘없이 매크로화에 따라 단숨에 할 수 있게 된다. 당연히 병렬화도 일어난다.

실제로 어느 정도까지 숙련된 운전자라면 기어를 바꿀 때, 클러치 페달을 완전히 밟은 후에야 기어 변속 레버에 천천히 손을 뻗거나 하지는 않는다. 오히려 이것들은 거의 동시에 이루어진다. 또한 나중에는 이와 같은 향상의 과정에서 자기가 한 동작 자체에 대한 의식조차 없어진다. 아주 숙련된 운전자가 누군가에게 어떻게 운전하는지 순서를 가르쳐달라는 말을 들어도 아마 즉시 정확하게 대답하지 못할 것이다. 단지 떠올리지 못하는 것만이 아니라 떠올린 것이 사실이 아닌, 즉 틀린 것을 떠올리는 일도 있다. 이와 비슷한 예로, 키보드 자판의 글자배치와 관련해서 "Y키의 왼쪽은?" 혹은 "X키의 오른쪽은?"이라고 질문을 던질 때, 정확하게 답하지 못하는 사람이 많다(특히 팔짱을 끼게 만들 경우).

　이런 사실은 흥미로운 점을 알려준다. 바로 숙련된 기술은 무의식의 영역에서 작동된다는 점이다. 그 덕에 자동차 안에서 '무의식적으로' 운전하면서 동승자와 대화가 가능해지는 것이다. 이는 모두 매크로화와 병렬화 덕분이다. 예를 들어보자. 아주 오래전 연구실의 여름 합숙에 갔다가 돌아오는 길에 어느 대학원생의 자동차를 얻어 탄 적이 있다. 그와 이런저런 이야기를 하며 고속도로에 타서도 대화를 이어나가려 했더니 그때 운전을 하던 대학원생이 잔뜩 긴장한 채 말했다. "고속도로에서는 말 걸지 말아주세요." 나는 순간 매우 겁이 났다.

스킬과 그 실행환경

자, 자동차의 사례로 돌아가 보자. 구두로 순서를 전달하지 못하는데도 실제로 차에 타게 되면 순서대로 한꺼번에 실행할 수 있다. 이것은 스킬이 그 실행환경과 일체화되어 있음을 나타낸다. 조금 부드럽게 말하자면 환경이 스킬의 실행을 돕고 있는 것이다. 이것은 2장에서 내부의 인지 자원과 외부의 환경 자원이 서로 짝 맞춰져 가상의 시뮬레이션이 일어난다고 말한 것과 부합한다. 실제로 '시동을 거는'

스킬을 실행할 때는, 자동차 안의 시각 정보와 핸들이나 페달에서 얻는 촉각 정보, 엔진소리 같은 청각 정보, 나아가 손과 발의 위치에 관한 자기수용감각 정보 등이 동원된다. 그런 정보를 얻음으로써 필요한 조작이 연쇄적으로 이루어진다. 스킬이라는 것은 이런 환경의 존재를 전제로 하고 있다. 단지 재빨리 동작할 수 있다는 의미만은 아닌 것이다.

우리의 블록 실험에서도 이런 것이 관찰되었다. 실험 개시 전 각 블록의 배치는 자유롭게 해도 좋다는 조건으로 실험을 실행했기 때문이기도 하지만, 초기의 배치와 어느 정도 연습한 후의 배치는 크게 달라졌다. 실험자는 자기 손이 움직이기 쉽도록, 블록을 잡기 편하도록 배치를 바꾸었다 (96쪽 [그림 3-3] 참조).

스킬과 환경은 협력해서 숙달을 뒷받침하고 있다. 스킬이 작동하기 쉽게 환경이 변하고, 환경은 스킬을 원활하게 실행하기 위한 다양한 정보를 제공한다. 머릿속에 컴퓨터의 프로그램 같은 것이 있어서 그것이 실행 키를 누른 순간 다른 것에는 눈길도 주지 않고 바로 실행된다는 의미는 결코 아니다.

환경이라 하면 자기 외부에 존재하는 것으로 생각하기 쉬우나 그렇지 않다. 자기 신체도 환경이 된다. 오른손으로 블록을 연결할 때는 왼손이 환경이 된다. 나아가 중심이나 팔꿈치의 위치 등도 중요하며, 이런 것들 모두 조작의 실행

[그림 3-3] **작업환경의 변화**

(a) 최초기의 배치 (b) 1일차 후반 이후의 배치 (c) 2일차 후반의 배치

환경이 된다. 여기에 덧붙여 그 조작의 사전·사후의 조작도 환경이 된다. 사전 조작이 다음 조작의 실행환경을 만드는 것이다.

실은 우리 연구에 참가해준 이 여성은 매우 아름답고 긴 손가락을 가진 분이었다. 그러나 그 길고 아름다운 손가락이 다른 블록을 연결할 때 방해가 되어 그녀는 슬럼프에 빠졌다. 그러자 그녀는 이 긴 손가락(새끼손가락)을 어떻게 할까 모색한 끝에 좋은 방법을 (아마도 무의식적으로) 생각해내 슬럼프에서 벗어나 난관을 돌파했다. 이것은 2장에서 언급한 지식이 '속인적'이라는 것을 명확하게 나타낸다.

또한 과제 수행 중에 행위를 함으로써 환경이 변화하기도 한다. 이에 따라 보이는 것이 달라져, 거기서 조작이 변화하는 경우도 생긴다. 테트리스 전문가들을 관찰한 커쉬David Kirsh와 번지Mario A. Bunge는 과제를 실행할 때 불필요한 조작이 행해지는 것을 발견했다. 예를 들어 전문가들은 필요 이상으로 조각을 회전시킨다고 한다. 이는 조각을 회전시키면서 그 조각을 어디에 끼워야 할지 생각하다 보면 끼워야 할 위치를 알 수 있기 때문이라고 한다. 테트리스는 후반으로 갈수록 조각이 매우 빠른 속도로 떨어진다. 이때 머릿속에서 이 조각을 어느 정도 회전시키면 좋을지 계산해서는 이미 늦다. 그래서 실제로 조각을 회전시키면서 끼워넣을 곳을 지각적으로 판단하고 있는 것이다. 커쉬와 번지는 이런 행위를 인식적 행위epistemic action라고 부른다.

다만 인간이 흥미로운 점은 완전한 실행환경이 없어도 어느 정도는 생각해낼 수 있다는 점이다. 자동차의 발진 순서를 질문받은 사람이 어떻게든 생각해내서 대답을 할 때, 그 상황을 머릿속에서 이미지화해 자기 몸을 움직인다든가, 혹은 신체의 움직임을 가상의 이미지 속에서 재현하는 멘털 시뮬레이션을 수행한다. 이것은 시각이나 청각 정보가 존재하지 않아도 자기 신체의 운동감각을 이용해 원래의 환경을 가상적으로 재현하고 있음을 의미한다. 이런 일이 가능한 존재는 아마도 인간뿐일 것이다.

이러한 점을 이용한 것에 이미지 트레이닝이 있다. 이 효과를 조사한 어느 연구는 매우 흥미로운 결과를 보여준다. 그 연구가 다룬 과제는 다트다. 어떤 그룹은 매일 30분간 50회 던지는 것을 8주간 계속했다(주 5일). 다른 그룹은 실제의 연습과 이미지 트레이닝을 교차로 8주간 계속했다(하루는 던지기, 다음 날은 이미지 트레이닝). 그러므로 후자 그룹은 전자 그룹의 절반밖에 연습하지 않은 것이 된다. 어떻게 생각해도 전자 그룹이 좋은 성적을 거둘 것이라 예상하게 되지만, 실제로는 이미지 트레이닝 그룹 쪽이 두 배 이상이나 득점이 향상되었다. 다만 이미지 트레이닝은 일정한 경험을 쌓은 사람에게만 유효하다. 초심자는 그 운동을 할 때 어떤 근육을 써야 좋을지 애초에 모르기 때문이다.

플래토, 후퇴, 스퍼트

지금까지 살펴본 바와 같이 연습의 효과라는 것은 매크로화, 병렬화, 환경의 재구축을 통해 뒷받침되고 있다. 이러한 것을 들으면 납득하는 사람도 있겠지만, 곧 그렇게 단순할까라는 의문도 생길 것이다. 그것은 슬럼프의 존재 때문이다. 실제로 아무리 연습을 계속해도 전혀 시간이 단축되지 않거나 무언가가 좀처럼 숙달되지 않거나 하는 경험을 한 독자도 적지 않을 것이다. 또한 실력이 향상되지 않을 뿐만 아니라 오히려 나빠지는 경험을 한 사람도 있을 것이다.

이 분야의 연구에서도 확실히 대체적으로는 연습의 거듭제곱 법칙이 성립하지만, 그것은 대략적인 수준, 즉 단편적이고 한정된 상황에서 나타나는 것에 불과하다고 생각하는 연구자가 많이 있다. 그중에서도 내가 가장 감명받은 연구는 소프트웨어 과학의 일인자인 기무라 이즈미木村泉의 연구였다(안타깝게도 기무라 선생은 몇 년 전에 타계했다). 여러 가지 연구를 했지만, 그 가운데서도 백미는 스스로 어떤 종이접기를 10년간 15만 8,000회나 계속 수행한 연구다. 그때의 완성시간의 변화를 나타낸 것이 100쪽의 [그림 3-4]다. 이 그래프는 정말 대단하다. 상용로그 그래프라고는 해도 X축에 메모리가 다섯 개나 늘어서 있다. 이 데이터를 얻기 위한 수고, 지속력, 탐구력에는 감탄할 수밖에 없다.

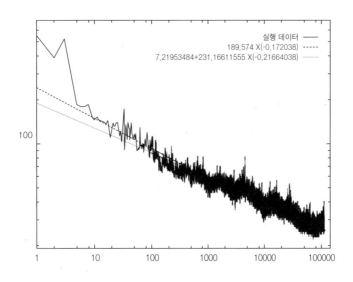

[그림 3-4] **기무라의 종이접기 연구**
15만 회 이상의 시행을 통해 얻은 작성시간의 추이,
木村泉,「長期的技能習得データの「見晴らし台」とその意義」,
『日本認知科学会第 20 回大会発表論文集』, pp. 28~29, 2003.

하여튼 이를 보면 대략 직선적으로 소요시간이 단축되고
있는 것처럼 보인다. 물론 거듭제곱 법칙은 근사치로, 정확
한 수치가 나오는 것은 아니다. 사람의 행동에는 오차라는
것이 있기 마련이어서 그때마다 자신의 컨디션이라든가 주
변 상황에 영향을 받기 때문이다. 연습의 거듭제곱 법칙의
측면에서 보자면, 이른바 오차가 끼어 있다는 것이 된다.

그러나 오차라고는 생각하기 어려운 파도, 물결이 있다

는 것을 기무라가 보여주었다. 데이터를 자세히 보면, 직선상에서 물결치듯이 소요시간이 변동하고 있으며, 거듭제곱 법칙을 통해 예측할 수 있는 수치와는 다른 수치가 연속적으로 보인다. 직선의 위나 아래에 데이터가 연속해서 늘어서 있는데, 위에 있는 것은 부진을 나타내고, 아래에 있는 것은 호조를 나타낸다. 이러한 것을 연連, run이라고 부른다. 연의 수를 세어보면 그것이 무작위로 발생한다고 가정했을 경우와 비교해 놀라울 정도로 적다는 점을 알 수 있다. 왜 적은가 하면 연을 구성하는 데이터 수가 매우 커서 긴 연이 만들어졌기 때문이다. 한편으론 연의 수 자체가 적기 때문이 아닐까라고 생각하는 사람도 있겠지만 그것은 틀렸다. 연을 구성하는 시행 수는 전체 시행의 몇 분의 1 정도를 차지할 정도로 많다.

그렇다면 거듭제곱 법칙에서 일탈하는 중에 무슨 일이 일어나고 있는 것일까? 그것은 세 가지 유형으로 나누어진다. 그래프의 직선상에 데이터가 몰리는 때가 있다. 이것은 소요시간이 웬만해서는 단축되지 않는 시기를 의미한다. 이것은 일반적으로 플래토plateau(정체기)라고 불린다. 플래토라는 단어는 대지나 고원이라는 의미다. 다시 말해 평평한 상태가 길게 이어지는 것, 정체를 의미한다. 다른 하나는 후퇴regression라고 불리는 시기다. 이것은 소요시간이 도리어 나빠지는 상태를 의미한다. 지금까지 잘할 수 있던 것이 잘할 수 없게 되어 그 결과 소요시간이 늘어나는 것을 의미한다. 마지막은 플래토와 후퇴를 벗어나 급격하게 소요시간이 단축되는 시기, 즉 난관 돌파breakthrough 시기다. 이때는 소요시간을 나타내는 선이 거듭제곱 법칙의 예측치보다 상당히 밑으로 오게 된다.

슬럼프 중의 흔들림

이제 거듭제곱 법칙의 이야기로 돌아가 보자. 매크로화·병렬화·환경 덕분에 달성시간은 연습의 거듭제곱 법칙에 대강 일치하는 패턴이 된다. 그러나 이것은 대충 본 수준에 불과하다. 실제로는 거기에 기무라가 언급한 긴 연으로 구성된 큰 물결이 보인다. 앞에서 소개했던 블록 조립 작업으로 돌아가 생각해보자. 모든 데이터가 실린 그래프를 제시해도 좋지만, 너무 세세하므로 알기 쉬운 것을 [그림 3-5]에 제시했다. 이것을 보면 거듭제곱 법칙에 따른 근사치에서 벗어나는 일탈과 흔들림은 예외적인 것이라기보다 오히려 일상적인 모습에 가깝다는 것을 이해할 수 있지 않을까?

이 부분을 자세히 보기로 한다. 다음의 [그림 3-6]은 1세션당 15회를 시행한 최단 시간을 그래프로 그린 것이다. 이것을 보면 3일째쯤부터 소요시간이 4.3~4.4초쯤에서 정체

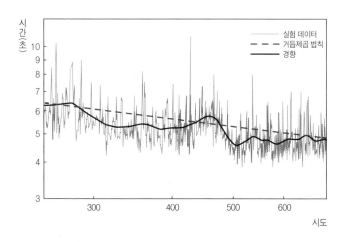

[그림 3-5] **300회째 근처부터 600회째에 걸친 달성시간의 변화**

얇은 선은 실제의 데이터, 직선은 거듭제곱 법칙에 따른 근사치, 물결이 있는 선은
상태 공간법을 활용해 추정한 경향성을 나타낸다(자세한 내용은 鈴木·大西·竹葉,
「スキル学習におけるスランプ発生に対する事例分析的アプローチ」,
『人工知能学会論文誌』, 23, 3, pp. 86~95, 2008을 참조).

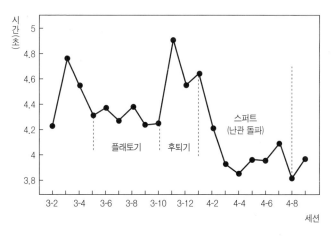

[그림 3-6] **3일째부터 4일째에 걸친 플래토기, 후퇴기, 스퍼트**(난관 돌파)

하는 시기, 즉 플래토 구간에 들어갔다. 이것이 6세션 90회를 시행한 후 5초대의 기록으로 후퇴해버렸다(후퇴기). 거기서 추가로 3세션 45회를 시행하니, 달성시간이 급격하게 감소해 4초 미만이 되었다(난관 돌파).

너무 자세한 이야기를 해도 지루할 것이므로, 여기에서 무슨 일이 일어나고 있었는지 간단하게 정리하겠다. 열쇠가 되는 것은 중복성[冗長性]과 흔들림이다. 다시 말해 어떤 행위를 할 때, 그 실행방법이 복수이며, 그것들이 상황마다 다른 방식으로 나타나는 것이다. 그 결과, 실행에 필요한 시간에 변동이 생긴다. 플래토기에서는 그때까지 줄곧 쓰인 연결방법 X와 별개의 방법 Y가 등장한다. 곧 복수의 조작방법이 서로 충돌하고 다양한 자원이 존재하는 복잡한 상태가 된다. 그리고 후퇴기가 되면 새로운 방법 Y가 주로 쓰이게 된다. 이 새로운 조작방법 Y의 이용으로 비록 후퇴가 일어나게 되지만, 어느 정도 지나면 난관을 돌파하면서 시간이 큰 폭으로 단축된다. 다시 말해 새로운 조작방법은 이전의 방법에 비해 뛰어나서, 그것이 정착함으로써 시간이 크게 단축되는 것이다.

그러나 여기서 의문이 생긴다. 그것은 뛰어난 조작방법 Y를 처음 활용했을 때 시간이 단축되어도 좋을 텐데 단축되기는커녕 한때는 오히려 늘어나는 이유가 무엇일까 하는 것이다. 그것은 전후의 조작 간 조정이 필요하기 때문이다.

지금까지는 조작방법 X만을 쓰고 있었는데, 이유는 모르지만, 별개의 Y를 때때로 활용하게 된다. Y가 X보다 잘될 가능성은 크지만, 전후의 조작은 X를 전제로 하고 있어, 그것이 잘 작동되도록 최적화되어 있다. 거기서 갑자기 Y가 등장하더라도, 그것을 실행하기 위한 사전환경이 잘 준비되어 있지 않으며, 그 후의 조작과 잘 연결될지 어떨지 모른다. 따라서 Y는 어쩌다 잘 작동하는 일은 있어도 대부분의 경우 적합하지 않게 된다. 그것이 후퇴기를 만들어내는 것이다.

어느 부분에서 작동하는 부품을 더 좋은 것으로 바꾸었다고 해서 그것이 전체의 성능을 높이는 것에 직결되지 않는 것은 이 때문이다. 그때까지는 잘되고 있었던 전후 조작과의 접속성, 적합성이 새로운 조작방법의 도입으로 무너져버린다. 그래서 전체 성능이 저하된다. 덧붙여 말하면 어떤 조작에 있어 그 전후의 조작은 실행환경으로 볼 수도 있다. 그러므로 이것은 4절에서 언급한 환경의 문제라고도 할 수 있다.

이처럼 스킬 실행이라는 것은 매우 미묘한 균형 속에 이루어진다. 그중의 3분의 1 부분이 10퍼센트 정도 향상했다고 해서 전체 달성시간이 30분의 1($1/3 \times 0.1$) 정도 단축될 거라고는 말할 수 없는 것이다. 전후 행위와의 접속 문제로 도리어 기록이 나빠지는 일도 있다. 이것이 공업제품과 다른 점이다. 어떤 부품을 더 좋은 것으로 바꾸면 전체가 더 좋아진다는 것은 인간의 경우에는 보증되지 않는 것이다(하긴 공업제품을 제작할 경우에도 인간과 같게 되는 예는 많다).

지금까지 살펴본 내용을 보면, 새로운 조작방법이 나타나고 전후의 조작과 잘 조정되어 낡은 조작방법이 대체되는 것처럼 들렸을지도 모른다. 그러나 그렇지 않다. 1세션당 15회 시행에서 두 자원[조작방법]의 점거 비율은 매우 느리게 변화했다. 결코 어느 시기에 한꺼번에 변화한 것은 아니다. 난관 돌파가 일어난 후에도 낡은 방법은 일정한 비율로 계속 쓰이는 것이다. 실제로 놀랍게도 최후 단계(2,000회 이후)가 되자 다시 낡은 자원의 사용 비율이 높아지는 역전 현상이 일어나기도 했다.

요점정리: 다양성, 흔들림, 창발

이 장에서는 연습을 통한 향상이 무엇으로 뒷받침되고 있는지를 살펴보았다. 향상, 특히 시간의 단축은 연습의 거듭제곱 법칙을 따르는데, 단지 신체의 움직임이 빨라지는 것만은 아니다. 그 배후에서 조작의 매크로화와 병렬화가 일어나고 있다. 또한 조작의 실행환경을 정비하는 것도 중요한 의미를 가지고 있으며, 적절한 환경의 구축과 향상은 서로 떼려야 뗄 수 없다는 것도 확인했다. 이것은 스킬이 어떤 환경 속에서 실행되는 것을 생각하면 당연한 일이지만 간과될 때도 많다.

다만 향상의 과정에는 슬럼프도 존재한다. 시간이 전혀 단축되지 않거나 도리어 늘어날 때도 있다. 여기서는 새로운 조작이 투입될 때에 전후의 조작과 잘 조정되지 않는다. 그리고 잘 조정되었을 때 난관 돌파가 일어난다. 그런 의미에서 슬럼프라는 것은 다음 비약을 위한 준비단계로 볼 수 있다.

마지막으로 이들 결과를 창발적 학습이라는 관점에 맞추어 정리해보고자 한다.

중복성 스킬을 실행하는 어느 특정한 시점에서 똑같은 결과를 만들어내는 조작이 복수로 존재한다.

환경 조작방법에는 그것이 실행되는 환경의 요소가 포함되어 있다. 또한 자신의 신체나 전후 조작도 환경이 된다.

흔들림 조작방법과 환경 사이의 호환성이 흔들림을 초래한다.

창발 그 흔들림을 발판으로 삼아 새로운 스킬이 창발한다.

4장

육성:
발달에 따른 인지적 변화

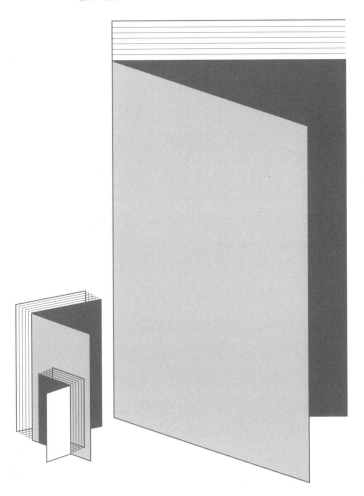

발달은 단계적으로 진행된다고 한다. 그러나 발달에 따른 변화에는 파도가 있으며, 계단식으로 발달이 진행되는 것은 아니다. 그리고 파도는 거기에서 쓰이는 다양한 자원이 끊임없이 새로운 여지를 만듦으로써 발생하며, 이는 창발을 위한 토대가 된다.

발달이라는 개념에 대해서는 다음 절에서 자세히 다루겠지만, 기본적으로는 연年 단위의 변화다. 또한 발달하기 위해 아이들이 몇 번이나 연습하는 것을 의미하지 않는다. 이처럼 발달은 3장에서 언급했던 향상과는 크게 다르다. 이 장의 결론을 먼저 말하자면 4장 요약과 같다. 결국 3장의 스킬에 따른 향상과 똑같은 맥락을 지닌다고 볼 수 있다.

발달이란?

어머니의 뱃속에서 대략 40주 미만을 지낸 아기는, 신장은 약 50센티미터, 체중은 약 3킬로그램 이내로 태어난다. 학교에 갈 즈음에는 신장은 두 배, 체중은 일곱 배에 가깝게 늘어난다. 단지 늘어나기만 하는 것이 아니라는 점은 말할 필요도 없다. 태어난 직후의 아기는 울거나 혹은 자거나 하는 것이 대부분이며, 깨어 있을 때도 왠지 이상하게 움직일 뿐이다(이러한 움직임은 '일반 반응general movement'이라고 불린다). 그러나 한 살 전후부터 일어서서 아장아장 걷기 시작하고 단어를 말하기 시작한다. 그리고 유치원에 갈 나이가 되면, 벌써 뛰어다니고 어른과도 기본적인 회화는 충분히 가능하게 된다. 다시 말해 신체적으로도 인지적으로도 크게 변화한다. 물론 감정 면에서도 대인관계에서도 큰 변화가 보인다.

이러한 과정은 그 후에도 쭉 이어지는데, 그것을 보통은 발달이라고 부른다. 발달의 정의에는 여러 가지가 있어서 어렵지만, 최대공약수적으로 정리한다면 '나이가 들면서 일어나는 비가역적인 변화'가 된다. 쉽게 말해 나이가 들면서 나타난 변화로, 3장에서 보았던 며칠 혹은 몇 주간의 변화는 발달이라고 부르지 않는다. 또한 나이를 먹는다고 하는 경우, 어떤 연령에 도달하는 것이 중요하다거나 여기에 특별한 연습이나 훈련을 필요로 하지 않는다는 것도 발달의 특징으로 여겨진다.

비가역적이라는 것은 한번 변화하면 원래의 상태로는 돌아가지 않는 성질을 나타낸다. 복잡한 문장을 말하거나 공원을 달리는 세 살짜리 아이가 잠시 후 서지 못하게 되거나 혹은 옹알이밖에 못 하는 아기로 돌아가는 일도 없다. 반면에 영어단어나 원소기호 같은 것은 시험 전에 암기, 곧 연습과 훈련을 하지 않는 이상 기억하기 어려워, 대부분의 사람은 곧잘 잊어버리고 그전의 상태로 돌아가 버리곤 한다. 이러한 것을 발달이라고 말하지는 않는다.

이처럼 신기한 특징을 가진 극적인 인지 변화가 연구자의 흥미를 끄는 것은 당연하다. 실제로 그동안 매우 많은 연구자가 막대한 양의 연구를 수행해왔다.

발달단계

발달이라는 말이 '단계'라는 말과 짝을 이루어 발달단계라는 말이 생겨났다. 딱히 심리학을 공부하지 않아도, 이 말을 들어본 적이 있을 것이다. 문부과학성의 학습지도요령에도 '발달의 단계에 따라'라든가 '발달의 단계를 고려해서'와 같은 문구가 들어가 있으므로 일견 당연하다고 생각할지도 모르지만, 적어도 20세기 전반까지는 그렇지 않았다.

너무나 흔하게 쓰이고 있기에, 그 의의를 이해하고 있는 사람은 오히려 적을지도 모른다(실은 그 의의를 이 장에서 부정하지만). 심리학에서는 단계는 점진의 반대어와 같은 의미로 쓰인다. [그림 4-1]을 보면 알 수 있는데, 단계라는 것은 무언가가 갑자기 변화하는 것을 의미한다. 반면에 점진이라는 것은 서서히 진행되어가는 것을 의미한다. 또 하나 중요한 것은 변화의 전후에 질적인 차이가 있다는 점이다. 질적

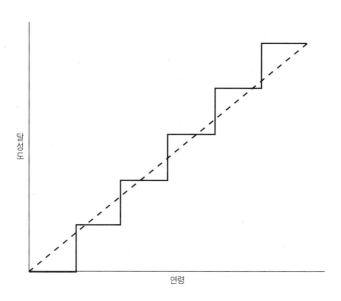

[그림 4-1] **단계(실선)와 점진(점선)**

으로 다르다는 것은 심리 문제로 생각한다면, 발달의 전과
후는 대상에 대한 관점과 사고방식이 근본적으로 다르다는
것이 된다. 다시 말하면, 사는 세계가 다르다는 것이다.

이 생각은 어떤 의미에서 보면 훌륭하다. 젖먹이 아이는
10퍼센트 정도, 어린아이는 40퍼센트, 중학생이 되면 70퍼
센트 정도 어른이라고 하는 따위, 아이를 어른의 축소판처
럼 생각하지 않는다. 아이는 독자적인 세계에서 대상을 보
고 생각하는 특별한 존재다. 발달단계론은 그러한 점을 주
장하고 있다. 발달단계론이 뛰어넘으려고 했던 전통적인

아동관은 서양의 고전회화에서도 보인다. 명백하게 생후 1년 미만의 아이인데, 6~7등신으로 그린 그림이 있다. 정확하게 재지는 않았지만, 그럴 리가 없다. 기껏해야 4~5등신 정도밖에 안 되는데, 거의 어른과 같은 비율로 머리와 몸이 그려져 있는 그림이 적지 않다. 이것은 요컨대 축소판의 사고방식을 반영하고 있다고 생각한다. 이러한 그림을 그린 화가들이 당시 사실주의를 추구했던 것을 생각하면, 당시의 점진적이고 축소판적인 아동관이 엿보인다.

발달단계론은 당시의 그러한 관점을 뒤집어엎는 매우 혁신적인 아이디어였다. 이러한 발달단계라는 것은 아이에게 어른의 생각을 강요해봤자 무의미하다는 주장도 낳았다. 이는 아동중심주의라고 불린다. 이 주장은 조기교육을 부정하는 데에도 공헌했다.

프랑스와 스위스에서 활약한 20세기 대표 심리학자 장 피아제Jean Piaget는 발달단계라는 관점을 세상에 널리 알린 인물인데, 그가 진행한 연구 중에 심리학자라면 누구나 알고 있는 수의 보존과제라는 것이 있다. 이는 우선 116쪽 [그림 4-2] (a)의 하단에 보이듯이 실험자가 유리구슬을 아이 앞에 나열한다. 그리고 같은 수의 유리구슬을 나열하라고 아이에게 말한다. 아이는 이러한 경우에 대개 [그림 4-2] (a)의 상단과 같이 유리구슬을 나열한다. 다음에 실험자는 한쪽 유리구슬의 간격을 줄이거나 늘리거나 해서 아이에게

[그림 4-2] **수의 보존과제**
처음에 (a)와 같이 나열한 후에 다른 쪽의 열의 간격을 변화시켜 (b)처럼 만든다.

유리구슬의 수가 같은지 아닌지를 묻는다([그림 4-2]의 (b)).
이 실험의 결과를 교과서식으로 정리해보면, 다음과 같다.
세 살짜리 아이는 같은 수의 유리구슬을 나열하는 것 자체
가 어렵다. 네 살 아이는 간격을 변경한 후의 질문에 대해
오답을 말해버린다. 즉, 열의 길이가 변동됨에 따라 수가 변
화한다고 판단해버리는 것이다. 다섯 살 정도가 되면, 어른
과 마찬가지로 열의 길이가 변해도 수는 변하지 않는다고
올바르게 대답할 수 있게 된다.

　이러한 것을 말하면, 아이는 숫자 따위는 모르기에 그렇
게 대답한다고 생각하는 사람이 있을지도 모른다. 그러나
유아를 깔보면 안 된다. 오답을 말하는 단계의 아이일지라
도 다섯까지의 숫자는 간단하게 셀 수 있으며, 간단한 덧셈
도 가능하다. 그럼에도 빼버리거나 더하지 않은 열의 숫자
가 변화한다고 대답해버리는 것이다. 이 결과는 발표 당초

부터 큰 관심을 모아, 전 세계의 발달심리학자들이 추가적인 실험을 하도록 부추겼다. 표준적인 조건하에서는 피아제의 결과와 거의 같은 결과가 나오는 경우가 많았다. 이러한 결과는 서너 살의 아이는 겉으로 보이는 모습에 따른 추론을, 다섯 살 아이는 논리에 따른 추론을 한다는 식으로 정리되었다.

아이는 정말로 다른 차원의 존재인 것인가?

그런데 1980년대쯤부터 앞의 표준적 견해를 무너뜨리는 듯한 결과가 몇 개나 보고되었다. 예를 들어 마거릿 도널슨 Margaret Donaldson은 보존과제에서 열의 변형 조작이 문맥상 부자연스러웠기 때문에 네 살 아이가 부적절한 대답을 했다고 생각해서, 변형 조작을 자연스러운 문맥으로 바꾸어 새로운 형식으로 보존과제를 실시했다. 이 과제에서는 최초에 아이가 올바르게 같은 수의 유리구슬을 나열한 후에 장난꾸러기 곰인형이 나타나 그 유리구슬 간의 간격을 바꿔버리는 상황을 연출하고, 그 후에 두 열의 수가 똑같은지를 물었다. 그 결과, 그때까지 비보존아非保存兒[오답자]라고 불린 많은 아이가 실은 적절한 판단을 할 수 있다는 점이 명백해졌다.

또한 나의 친구였던 마이클 시걸Michael Siegal은 비보존아들에게, 다른 아이가 보존과제에서 보인 반응을 녹화한 비디오를 보여주었다. 비디오의 어떤 장면에는 열의 길이에 기초한 비보존반응(오답), 다른 장면에는 '변함없다'는 보존반응(정답)을 하는 어린이의 모습이 수록되어 있었다. 이 비디오의 각 장면을 아이에게 보여준 뒤, "이 아이는 정말로 그렇게 생각해서 대답했을까? 아니면 어른(비디오에 등장하는 실험자)을 기쁘게 하려고 일부러 그렇게 대답했을까?"라고 질문했다. 그러자 놀랍게도, 이 비디오를 본 비보존아 가운데 다수가, 비보존반응 비디오에 대해서는 "이 아이는 일부러 틀렸다"고 답했고, 보존반응 비디오에 대해서는 "이 아이는 정말로 그렇게 생각해서 대답했다"라고 답했다.

이 밖에도 비슷한 결과를 도출한 연구가 많이 있는데, 모두 비보존아로 불린 아이들에게 사실 수의 보존을 가능하게 만드는 인지 자원이 있었다는 점을 도출하고 있다. 보존과제에서는 과제의 특성상 이 자원의 움직임이 억압되고, 길이와 같은 관련 없는 정보에 유인된 자원이 강하게 작동해서 비보존반응이 유발되는 것이다. 요컨대 아이에게 내재된 복수의 자원이 과제 상황이 주는 정보와 관련되어 기능하거나 기능하지 않거나 하는 것이다.

여기서는 수의 보존과제라는 것만을 다루었다. 그러나 피아제를 필두로 한 발달단계론을 주장하는 실험결과는 갈

수록 거의 모두 같아졌고, 그들이 상정한 것보다도 훨씬 일찍부터 아이는 과제를 적절하게 수행할 수 있다는 점만을 오히려 밝혀내고 있다. 다시 말해 아이는 다른 차원의 존재가 아니라는 것이다.

복수의 인지 자원

피아제의 실험결과를 무너뜨리는 듯한 연구는 도널슨이나 시걸처럼 과제의 문맥을 바꾼 것이 많다. 그러나 원래의 보존과제에 가까운 환경에서 수행한 실험에서도, 피아제의 결과와는 다른 결과가 얻어지곤 했다.

나는 40년쯤 전에 한번 이 과제를 세 살에서 다섯 살 아이에게 실시한 적이 있다. 통상의 보존과제를 실시해서 오답을 택한 아이들을 모아, 그 후에 다른 실험의 피험자로 삼는다는 계획이었다. 거기서 채택했던 것은 다섯 개의 보존과제였는데(나아가 수가 변화하는 문제도 포함했다), 질문의 형식은 모두 표준적인 피아제류의 것으로, 각각은 숫자만 달랐다. 실험을 하면서 곧 알아차린 점은 완전한 비보존아는 세 살의 아이라도 거의 없다는 점이었다. 수십 명의 피험자 중에 다섯 문제를 전부 틀린 아이는 몇 명에 지나지 않았다. 또한 다섯 문제를 전부 맞힌 아이의 숫자도 예상보다 매우 적었다.

또 한 가지 매우 놀란 점은 아이들이 말하는 이유가 다양하다는 사실이다. 같은 아이가 어떤 때는 간격을 넓힌 쪽을 "길다"는 이유로 유리구슬의 수가 많다고 했다가, 다른 때는 짧은 쪽이 "많이 있으니까"(밀도를 말하는 것일지도 모른다)라는 이유로 수가 많다고 판단했다. 또 잘 틀리는 한 아이는 이유를 물어보면, "이쪽은 다섯 개니까"라며 개수를 세고 나서 틀린 대답을 하기도 했다. 발달심리학 교과서에서나 나올 듯한 아이는 없다는 것이다. 그러나 이와 같은 중요한 발견은 당시 내 안에서 더 발전하지 못한 채로 그대로 스쳐 지나갔다.

한편 긴 시간에 걸쳐 아이의 전략(사고방식)의 다양성을 연구해온 카네기 멜런 대학의 로버트 S. 시글러Robert S. Siegler는 비교적 장기간에 걸쳐 동일한 아이들을 대상으로 몇 번이나 보존과제를 풀게 하고 그 이유를 물어보는 실험을 체계적으로 수행했다. 이 결과는 놀라웠다. 한 개의 근거만 제시한(예를 들어 긴 쪽을 반드시 많다고 판단한다) 아이는 전체의 7퍼센트에 불과했고, 20퍼센트의 아이는 두 개, 47퍼센트의 아이는 세 개, 27퍼센트의 아이는 네 개의 해결방법을 활용한다는 점이 명백해졌다.

이는 오로지 보존과제에만 해당하는 것은 아니다. 발달이나 학습과 관련된 문헌을 보면 금방 알 수 있지만, 아주

어린 아이일지라도 또한 학습의 초기일지라도 무엇인가 과제의 달성률과 정답률이 0이라는 것은 우선 없는 것이다. 나이로 구분했을 때의 평균 정답률이 20~30퍼센트 정도인 경우, 그 나이는 이른바 '할 수 없는 단계'로 여겨진다. 또한 '할 수 있게 되었다'는 단계라도 달성률이 100퍼센트라는 것은 아니고, 할 수 없는 단계와 통계적으로 유의미한 차이가 있으면 가능한 단계로 간주되는 일도 있다. 다시 말해 그 비율은 확실히 서로 다르지만, 가능한 단계의 아이도 불가능한 단계의 아이도 모두 정답을 맞히거나 틀리거나 하는 것이다.

이러한 결과는 이른바 '단계'라고 불린 것이 많은 흔들림과 변동성을 포함한 것임을 나타내고 있다. 어느 단계에서 특징적이라고 여겨지는 행위는 다른 행위보다도 빈번히 보인다는 의미만을 가지며, 그 단계의 인간이 반드시 그 행위를 한다는 점을 의미하는 것은 아니다. 인간은 어떤 지배적인 행위의 패턴을 가지지만, 그것을 일탈하는 것과 같은 다른 행위의 패턴도 가지고 있으며, 그 횟수가 비록 적지만 이들도 또한 같이 혼용되고 있는 것이다.

이러한 다양하고 복합적인 자원으로부터 발생하는 복잡한 발달 패턴을 이해하기 위한 도식으로서, 시글러는 중복파重複波 접근법overlapping waves approach을 제안하고 있다. [그림 4-3]은 가상의 발달을 중복파 모델에 따라 표현한 것

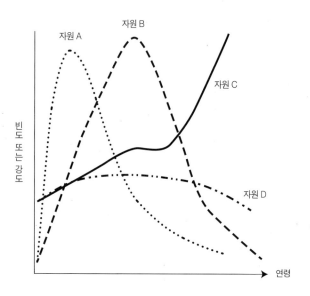

[그림 4-3] **중복파 모델**
가로축은 연령, 세로축은 각각의 전략의 이용 빈도(또는 강도)를 나타낸다.

이다. 이 그림의 세로축은 각 자원의 이용 빈도(작동하기 쉬
움, 강도라고 생각해도 좋다)를 의미하며, 가로축은 연령을 나
타낸다. 이 그림에 따르면, 자원 A는 발달 초기에 빈번히 이
용되지만, 점차 이용되지 않게 된다. 이 과정에서 자원 B가
대두해 발달 중기에는 가장 지배적인 자원이 된다. 그러나
이것 역시 후기로 가면서 잘 쓰이지 않게 되는 한편 자원 C
가 점차 지배적인 것이 된다. 또한 자원 D는 그 이용 빈도는
적지만 일정한 비율로 이용되고 있다.

핵심은 한 시기에 복수의 인지 자원(사고방식)을 이용할 수 있게 되었다는 점이다. 이렇게 생각하면, 단계 간의 질적인 변화라고 불린 것은 각 인지 자원의 이용 빈도의 변화라고 이해할 수 있게 된다. 또 하나의 핵심은 인지 자원의 작동을 0인가 1인가 하는 이분법으로 이해하는 것이 아니라, 강약을 가진 것으로 이해한다는 점이다. 이렇게 생각하면, 이용 빈도의 변화는 경험으로부터 학습을 통해 각 인지 자원이 가진 강도가 그 유효성, 효율성, 생산성 등을 통해 변화한 것에 기인한다는 것이 된다.

중복파 접근법의 이점은 우선 무엇보다도 '무無에서 유有'와 같은 전제조건을 내세우지 않아도 된다는 점이다. 종래의 관점에 따르면, 보존과제에서 세 살 아이는 겉모습 정보에 의존한 프로그램이 작동하며, 다섯 살 아이는 논리적인 조작에 기초한 프로그램이 작동한다는 말이 된다. 문제는 어떻게 '겉모습에 의존한 프로그램'으로부터 전혀 성질이 다른 '논리 조작에 근거한 프로그램'이 생길까 하는 부분에 있다. 이것은 말하자면, 무에서 유를 만들어내야 하는 해결이 불가능한 난제를 연구자들에게 던지는 것과 마찬가지다. 한편 중복파 모델에 따르면, 어떤 경험을 통해 피드백을 받아 지배적이었던 인지 자원을 이용하는 일이 줄어드는 반면, 그렇지 않은 인지 자원의 강도가 상승함으로써 그것이 지원하는 행위가 증가하는 자연스러운 변화의 경로를

그릴 수 있다.

이러한 점에 대해서는 3장에서 언급한 것과 중요한 점에서 일치한다는 사실을 눈치챈 독자도 있으리라 생각한다. 블록 조립 작업과 수의 보존은 전혀 성질이 다른 과제다. 그러나 두 과제 모두 그것에 대처하기 위한 자원은 복수로 존재하며, 그 가운데 하나가 한때는 표면에 드러났다가 다른 때는 또 다른 자원이 얼굴을 내밀거나 한다. 이러한 인지 자원의 중복성, 다양성이 주체의 변화에 깊이 관련되어 있는 것이다.

이것에서 알 수 있듯이, 중복과 접근법의 또 하나의 중요한 점은 학습과 발달이라는 두 가지 연구영역이 서로 연결될 수 있는 가능성을 제시하고 있다는 사실이다. 발달과 학습은 모두 인지 주체의 변화와 관련되어 있지만, 그 차이가 강조되어온 역사적 경위도 있어서 양자의 연결은 결코 깊다고 말할 수 없다. 확실히 이들 각각이 어떤 종류의 고유한 특성을 가진다고 하더라도, 서로 관계없이 작동한다는 것은 생각하기 어렵다. 또한 원래 발달이라고 불리는 현상과 학습이라고 불리는 현상은 서로 그렇게 명확히 분리될 수 없다. 각각 독립적으로 수행되어온 두 가지 연구영역을 서로 연결하는 것은 앞으로의 연구에서 중요한 과제가 될 것이다. 중복과 접근법은 이에 중요한 공동의 출발점을 제공하고 있다고 생각한다.

동시병렬적 활성화

앞의 절에서는 발달과 학습의 어떤 시점에서, 복수의 인지 자원이 왜 동시에 이용 가능하게 된 것인지를 설명했다. 여기서 어떤 자원은 더 나아간 단계의 행위를 지원하는 것이고, 또 다른 자원은 그전의 그다지 효과적이지 않았던 행위를 지원하는 것이기도 하다.

그렇다면 이러한 자원은 스위치를 전환하는 것과 같이 어떤 때는 자원 X가 작동하고 다른 때는 자원 Y가 작동하는 것처럼 되어 있을까? 그렇지 않다, 혹은 그렇다고 말할 수 없다는 것이, 시카고 대학교의 수전 골딘 메도우Susan Goldin Meadow 그룹이 수행한 일련의 연구로 확실해졌다.

그 그룹이 주목한 것은 제스처·스피치·미스매치라고 불리는 현상이다. 이것은 말 그대로, 말하는 것과 그때의 몸의 움직임인 이른바 제스처가 서로 일치하지 않는 것을 가리킨다. 예를 들어 앞의 절에서 언급했던 수의 보존과제에서, 긴 열의 유리구슬이 많다고 대답한 아이에게 어째서 그러냐고 물어보자 일부 아이들은 "하여튼 이쪽이 기니까"라고 말하면서 손가락으로 상단의 유리구슬과 하단의 유리구슬을 하나씩 서로 대응시키는 동작을 했다고 한다.

이 아이들은 처음 판단에서 긴 쪽의 열을 숫자가 많다고 말한 뒤 그 이유를 설명했다. 이 의미에서 그들은 보존의 단계에 도달하지 않았다. 다시 말해 보존을 가능하게 하는 인지 자원의 움직임이 약했고, 길이에 기반을 둔 판단을 하는 자원이 우세했다고 생각된다. 그러나 제스처에서 보인 일대일 대응이 두 집합의 요소의 수를 비교하기 위한 가장 기본적인 조작이라는 것을 감안해보면, 이는 이 아이들에게 다음 단계로 넘어가기 위한 기본적인 인지 자원이 이미 존재하고 있었다는 것이 된다.

더욱 중요한 것은 이들 두 개의 상반되는 인지 자원이 공존하고 있을 뿐만 아니라 동시에 작동한다는 것이다. 길이에 기초한 판단을 지탱하는 인지 자원은 그 강도 때문인지 언어적인 결과를 산출한다. 한편 일대일 대응을 지탱하는 인지 자원은 그 자리에서 물러서는 것이 아니라, 신체를 통해 그 결과를 산출한다는 것이다.

복수의 인지 자원의 공존과 동시병렬적 활성화는 뇌의 움직임을 생각해보면 그다지 신기한 것은 아니다. 뇌는 컴퓨터의 회로와 같이 스위치를 껐다 켰다 하지 않는다. 다양한 부위가 상황의 정보에 반응해 서로 흥분과 억제의 신호를 전하면서 어떤 부위는 강하게, 다른 부위는 약하게 흥분한다. 마침내 결과물을 만들어내는 것은 특정 부위의 세트지만, 그렇다고 다른 부위가 전혀 흥분하지 않는다는 것을 의미하지는 않는다.

상황이 제공하는 정보에 대해 다양한 인지 자원이 즉각

적으로 반응한다. 여기서 더욱 많은 정보를 지원받은 인지 자원은 가장 강하게 활성화되어, 마침내 어떤 반응을 일으킨다. 한편 행위를 만들어내지 않은 인지 자원도 어느 정도까지는 활성화된다. 그리고 이것도 때로는 몸을 통해 행동을 일으킨다. 이러한 여러 가지 인지 자원의 동시병렬적 활성화에 따라 흔들림이 일어난다.

흔들림과 발달

지금까지 인지 활동을 하는 주체는 단일 유형의 상황과 과제에 대해서도 복수의 인지 자원을 활성화시킴에 따라 흔들리게 된다는 점, 그리고 동일한 상황에서도 복수의 인지 자원이 동시병렬적으로 활성화되어 흔들리게 된다는 점을 설명했다. 그렇다면 대체 왜 흔들림이나 변동성에 주목하지 않으면 안 되는 것일까? 어쩌다 가끔 나타나는 행동 패턴에 무슨 의미가 있다는 것일까? 그 이유는 이것이야말로 다음 발달을 위한 싹이 되기 때문이다.

중복파 접근법을 제창한 시글러는 어느 시점에서 얼마나 흔들리는지가 그 후의 학습과 발달을 좌우한다는 점을 보여주는 실험을 진행했다. 그는 수가 변화하지 않는 통상의 보존과제에 더해, 수의 증감을 실제로 동반하는 유사한 과제를 50문제 정도 사전 테스트로 실시했다. 그리고 이 실험에서는 문제를 푼 후, 아이에게 그렇게 판단한 이유를 설명하도록 했다. 아이가 제시한 판단의 이유는 수의 증감에 기초한 것, 길이에 기초한 것, 숫자를 세어본 결과에 기초한 것, 실험자가 실시한 변형 조작에 기초한 것(간격을 넓힘)으로 다양했다. 그다음에 사전 테스트의 성적이 낮은 아이를 골라내 그들에게 2주간 훈련 실험을 진행했다. 이 훈련을 통해 성적이 크게 오른 아이도 있었지만, 그렇지 않은 아이도 상당히 많았다. 이 아이들의 차이를 분석해보니, 처음 사전 테스트에서 한 설명의 다양성과 관계가 깊다는 점이 명백해졌다. 다시 말해 사전 테스트에서 수십 가지 과제에 대해 설명의 종류가 많으면 많을수록, 나아가 알고 있던 정보가 흔들리면 흔들릴수록 훈련 후의 성적이 상승했던 것이다.

또한 골딘 메도우 그룹이 수행한 '몸짓과 말의 불일치' 실험에서도 비슷한 결과가 나왔다. 그들은 아홉 살에서 열 살의 아이에게 수가 같은지 어떤지를 물어보고, 이 연령대의 아이에게 어느 정도 어려운 산수가 포함된 과제를 가르치는 실험을 진행했다. 사전에 몸짓과 말이 계속 일치하지 않던 아이를 골라내 그들에게 이 과제를 푸는 데 필요한 사항을 가르쳤다. 가르치던 도중의 성적은 두 그룹 간 차이가 그다지 없었다. 그러나 2주 후에 다시 테스트를 하니 큰 차이가 발생했다. 불일치 그룹의 아이들은 일치 그룹의 아이들의 다섯 배나 되는 좋은 성적을 냈다. 다시 말해 흔들림과 변동성이 있는 아이들은 연습으로 얻은 것을 지속적으로 활용할 수 있었던 반면, 흔들림이 적었던 아이들은 학습 기간이 지나자 급속도로 배운 것을 실행할 수 없게 되어버린 것이다.

이러한 결과는 발달과 학습에서 흔들림이 무엇을 의미하는지에 대해 중요한 것을 깨닫게 한다. 흔들림은 단지 엉터리나 일관성이 없음을 나타내는 것이 결코 아니다. 역으로 흔들림은 다음 단계로 나아가기 위한 준비상태를 나타낸다. 이러한 준비상태에 있는 아이들은 경험을 통해 많은 것을 배우고, 그것을 지속시킬 수 있다.

그 이유는 명백하다. 흔들림이 있는 준비상태의 경우에는 실제로 잘 될지 안 될지에 관계없이 다양한 인지 자원이 동원되고 그 실행결과에 따른 피드백이 인지 자원에 제공된다. 몇 번이고 이런 상태가 반복되면, 의미 있고 유망한 인지 자원의 강도는 높아지는 한편, 가능성이 없는 인지 자원의 강도는 감소하게 된다. 흔들림이 없는 상태에서는 원래 시도할 인지 자원 자체가 제한되어 있기에, 부정적인 피드백을 받더라도 아이들은 단지 어찌할 바를 모르는 상태가 된다. 거기서 아이들은 말 그대로 모방하는 수준에 머무른다. 따라서 오래가지 않는다.

그러나 어찌할 바를 모르는 상태가 결코 부정적인 것만
은 아니다. 이와 같은 상태가 되면, 주체의 내부에서 각 인
지 자원의 새로운 탐색이 실행될 가능성이 높아진다. 이에
따라 서서히 변동성이 높아져, 학습과 발달을 위한 준비도
readiness도 점차 만들어진다.

환경과 발달

지금까지 살펴본 것처럼, 문맥에 대응해 다른 자원이 활성
화되어 그것이 다른 반응을 만들어낸다. 마이클 시걸에 따
르면, 처음에 열거한 표준적인 보존과제에서 나온 아이의
오답은 실험자가 질문한 의도를 잘못 파악했기 때문에 발
생한다고 한다. 보존과제에서는 처음에 나열했을 때와 열
의 간격을 변경했을 때, 두 번 같은 질문이 반복된다. 만약
에 아이가 어른과 마찬가지로 이 두 가지 상황을 똑같다고
생각한다면, 이는 상당히 기묘한 상황이 된다. 보통 똑같은
것을 두 번 질문하는 것은, 앞과는 다르게 대답하라는 의미
가 포함될 수 있기 때문이다. 실험환경이 제공하는 단서(두
번 묻는다) 때문에, 아이는 이러한 상식을 적용하게 되어 틀
리게 된다고 한다.

　이렇듯 외부에서 오는 정보도 아이의 사고에 영향을 미

치는데, 3장에서 서술했듯이, 자기 자신의 신체도 어떤 때는 환경이 된다. U자형 발달이라는 신기한 현상이 있다. U자형 발달이란 처음에는 가능했는데, 어느 시기부터 그것이 불가능해지다가 어느 정도 시간이 흐르면 다시 가능해지는 현상을 말한다. 그 가운데 유명한 것이 보행반사步行反射다. 태어나 얼마 지나지 않은 아기의 양쪽 옆구리를 받쳐 세우면, 마치 걸을 때처럼 다리를 교대로 움직인다. 그러나 4~8주째 정도에 이 반사는 사라져버린다. 그리고 생후 8개월쯤이 되면 다시 나타나서 보행이 가능해진다. 에스더 셀렌Esther Thelen과 린다 스미스Linda B. Smith의 연구에 따르면, 보행반사의 소실은 몸무게가 늘어났기 때문이며, 부활은 근력이 늘어났기 때문이라고 한다. 아기는 태어나 수개월 만에 체중이 두 배 정도가 된다. 그러면 그 시기의 근력으로는 무거워진 통통한 다리를 움직일 수 없게 된다. 그러나 성장하면 근력이 늘어나 다시 다리를 움직일 수 있게 된다는 것이다. 따라서 근력 소실 시기에도 욕조에 넣거나 러닝머신에 올려놓으면 보행반사가 관찰되기도 한다.

이처럼 자신의 신체까지도 포함한 환경이 어떤 자원을 활성화해서 무대 위로 끌어올리거나 뒤로 물러나게 하거나 하는 것이다. 그리고 아이들은 발달과정에서 환경과 잘 지내는 방법을 몸에 익혀나간다. 그것이 발달의 중요한 구성요소다.

요점정리:
발달도 중복성과 흔들림 속에서 나온다

이 장에서는 발달과정에서 복수의 인지 자원이 병존하는 상태가 존재해, 그것이 가져온 흔들림 때문에 발달이 생겨난다고 주장했다. 좀 더 구체적으로는 다음과 같다.

다양성 한 가지 유형의 상황에 대해 서로 다른 행위를 만들어내는 복수의 인지 자원이 병존하고 있다.

환경 환경은 각 자원에 제각기 적합도가 다른 단서를 제공한다.

흔들림 그 결과, 각 자원의 활성 정도가 서로 달라지기 때문에 인지와 행위가 흔들린다.

창발 그 흔들림을 발판으로 좀 더 적절한 행위가 만들어진다.

다양한 자원이 환경의 단서로 말미암아 활성화됨으로써 흔들림이 발생한다. 흔들림을 일으키는 것과 관련된 모든 자원이 환경이나 상황과의 적합도에 따라 그 움직임의 강도가 조정된다. 그리고 창발이 발생한다는 것이다.

이러한 생각을 종래의 학습관이나 발달관과 비교해보자. [표 4-1]에 나타낸 것처럼, 기존의 생각은 어떤 연령단계 A에서는 행위 X가, 다음의 연령단계에서는 행위 Y가, 최종적

발달단계	행위	메커니즘
A	타입 X	프로그램 P
B	타입 Y	프로그램 Q
C	타입 Z	프로그램 R

[표 4-1] **기존의 발달관**

인 단계 C에서는 행위 Z가 관찰되면, 이들 행위를 만들어내는 프로그램 P, Q, R이 각 단계에서 주로 이용된다는 것이다. 다시 말해 지금까지는 학습과 발달의 각 단계에서 특정한 인지 자원이 배타적으로 이용된다는 견해가 지배적이었다. 실제로 여러 가지 단계론을 그 정점으로 하는 나이 차에 기반을 둔 발달 연구는 대부분 이러한 도식을 바탕으로 해왔다.

그러나 이 장의 입장에 따르면, 이와는 다른 견해가 제시된다. 어떤 특정한 단계에서도 복수의 인지 자원을 이용할 수 있게 되어 있어, 이들이 단일 유형의 상황에 대해 동시병렬적으로 발화한다. 그리고 경합과 협조를 통해 정보를 주고받으면서 행위를 생성한다. 또한 이들 인지 자원은 스스로 만들어낸 행위를 통해 강화됨으로써 반응 패턴의 분포, 이른바 각 인지 자원의 활성 패턴은 끊임없이 변화해간다. 그리고 초기에 지배적이었던 인지 자원과는 다른(곧 더욱 빈번히 활성화된) 자원이 지배적이 된다. 이것이 발달의 구조라는 것이다.

그렇다면 어째서 발달단계라는 단어가 이토록 널리 보급된 것일까? 그것은 [표 4-1]에서 언급했던 전제 외에 심리학자의 연구방법 자체와도 관련이 있다. 그것은 평균치 신앙平均値信仰이다. 물론 평균이 다양한 상황에서 유용한 도구임을 부정할 생각은 없다. 그러나 변화가 문제 되는 상황에서 평균치를 이용하는 것은 매우 신중해야 한다. 평균은 발달과정의 흔들림을 평준화해서 하나의 수치로 환원시켜 버린다. 그리고 환원된 후에는 그 숫자 이외에 아무것도 남지 않는다. 다음 단계로 나아가기 위한 발달의 싹은 평균치의 산출과정에서 쓰레기처럼 버려지고 만다. 그러면서 정작 연구자들은 발달의 메커니즘을 모르겠다고 한다. 이 책의 입장에 따르면, 흔들림을 버린다면 발달을 알 수 없게 된다는 점은 눈을 감으면 사물이 보이지 않게 되는 점과 마찬가지로 자명하다. 이에 어떻게 해야 하는지에 대해서 말하자면, 버린 것을 다시 한 번 주워 올리는 것뿐이다.

5장

번뜩이다:
통찰에 따른 인지적 변화

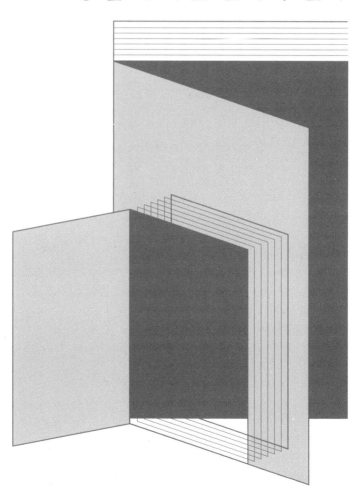

번뜩임은 종종 갑자기 찾아오는 것처럼 이야기된다. 그러
나 번뜩임은 연습에 따른 변화나 발달에 따른 변화와 마찬
가지로, 다시 말해 다양하고 복잡한 인지 자원과 그 사이에
서 발생하는 경합에 따른 흔들림이 그것이 실행되는 환경
과 일체화될 때 창발된다. 그리고 그 과정의 대부분은 무의
식적으로 진행된다. 따라서 번뜩였을 때의 놀라움은, 실은
자신의 무의식적인 마음의 움직임에 놀랐기 때문에 발생한
것이다.

지금까지 3장에서는 몇 번이나 연습을 반복해 인지적 변화를 만들어내는 메커니즘을, 4장에서는 발달이라는 연年 단위의 인지적 변화를 논의해왔다. 반면 5장에서는 그러한 긴 시간에 걸친 변화가 아니라 '번뜩임ひらめき'이라는 돌발적인(이라고 생각되고 있다) 변화를 검토해보고자 한다.

이번 장에서도 결론을 먼저 말해두었다(5장 요약 참조).

번뜩임이란?

번뜩임이라고 하면 일견 과학적 발견이나 발명과 같이 탁월하고 특수한 재능을 가진 사람이 제일 먼저 머리에 떠오를지도 모른다. 그 진위는 알 수 없지만, 아르키메데스의 발견 이야기는 너무나 유명하다. 왕관이 순수하게 금으로 만들어졌는지를 조사하라는 요구를 받고 고심하던 아르키메데스는 목욕하다가 갑자기 그 방법을 발견했다는 일화를 남기고 있다.

그러나 한편으로는 좀 더 일상적인 번뜩임도 있어, 번뜩인다는 경험은 누구에게나 있다고 생각한다. 시험에서 어떻게 해도 풀 수 없었던 문제가 있었지만, 어떤 것을 알아차려 갑자기 풀었다(시험 도중에 알 수 있다면 좋지만, 아쉽게도 끝난 후에야 알게 되는 것도 적지 않다)든가, 좀처럼 떠오르지 않던 사람의 이름을 어느 순간 갑자기 생각해냈다든가, 이런 것도 규모는 매우 작지만 번뜩임이라고 부를 수 있다.

이러한 다양한 번뜩임 현상에 공통된 것은 무엇일까? 단순히 기억하고 있었던 것을 적용해 해결할 수 있을 듯한 것은 번뜩임이라고 부르지 않는다. 도쿄에서 올림픽 개최는 몇 번째인지를 생각하거나, 기억하고 있던 공식을 그대로 적용해서 문제를 푸는 것 같은 경우를 번뜩임이라고는 누구도 생각하지 않는다. 즉, 번뜩임 전에는 우선 풀기 어려운, 알아채지 못하는 단계가 존재한다. 여기는 무엇을 하면 좋을지 몰라 여러 가지를 시도하는 시기로 이해할 수 있다. 이를 우리 인지과학 영역의 사람들은 임패스impasse(막다른 골목)의 단계라고 부른다.

번뜩임의 또 하나의 특징은 돌발성이다. 조금씩 하다 보니 해결되었다든가, 이 잡듯이 샅샅이 가능성을 검토해보니 적절한 방안에 도달하게 되었다든가 하는 경우는 보통 번뜩였다고 말하지 않는다. 번뜩임은 전조도 없이 돌연히 찾아오는 것이다. 이러한 것은 '아하' 체험이라고 부르기도 한다(참고로 이 성질은 이후에 부정한다).

그 외에도 번뜩임의 특징으로서, '배양あたため'이라고 불리는 단계가 있다고도 한다. 이를 '아타타메'라고 일본어로 표현하면 알 수 없지만, 원래 영어에서는 인큐베이션 incubation이라고 한다. 알을 낳은 닭은 부화를 위해 알을 품고 있다. 일견 아무것도 하지 않는 것처럼 보이지만, 온도를 일정하게 보존함으로써 부화를 촉진한다. 이와 마찬가지로, 애초의 문제해결과는 전혀 관계없는 행동이 번뜩임을 만들어낸다는 것이다. 이것은 앞서 언급했던 아르키메데스의 일화에서도 단적으로 나타나고 있다. 여기서는 임패스의 시기에 욕조에 들어간다는, 문제해결과는 전혀 다른 행동을 하고 있을 때 번뜩임이 찾아왔다.

마지막으로는 검증의 단계다. 좀체 생각나지 않는 상대의 이름을 돌연 떠올리는 것과 같은 때에는 필요 없지만, 과학적 발견이나 일정한 수준 이상의 복잡한 문제를 푸는 경우에는 번뜩이는 것만으로 끝나지 않는다. 거기서부터 그 번뜩임으로 정말 문제가 잘 풀리는지를 실험이나 계산 등을 통해 검토하지 않으면 안 된다. 과학적 발견에서는 이 부분이 매우 중요하지만, 이 부분은 번뜩임 자체의 발생과는 다르므로 이 장에서는 다루지 않겠다.

이러한 내용을 최초로 정리한 사람은 그레이엄 월러스

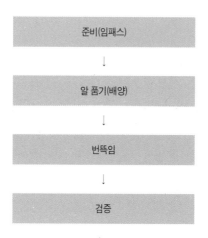

[표 5-1] **그레이엄 월러스가 제창한 발상을 위한 4단계설**

Graham Wallas다. 그는 19세기의 위대한 물리학자이자 생리
학자였던 헤르만 폰 헬름홀츠Hermann von Helmholtz의 강연
에서 번뜩임을 얻었던 것 같다. 월러스가 이를 주창한 것은
1926년이므로 상당히 오래되었지만, 앞에서 언급한 것과
같은 상식을 잘 표현하고 있다(グレアム·ウォーラス,『思考の
技法』, ちくま学芸文庫).

번뜩임은 어떻게 연구되어왔는가?

과학상의 위대한 발견은 그 분야에서 막대한 지식과 경험을 가진 남다른 노력가들이 만들어낸 것이다. 이러한 사람들의 위업을 꼼꼼히 조사하는 형태로 번뜩임에 대해 연구할 수도 있다. 그러한 연구를 정리한 책은 정말 재미있어서 두근두근 설레면서 읽을 수 있다. 그러나 그러한 것은 수가 적으며, 그 발견에 고유한 번뜩임의 요소가 포함되어 있어서 일반화할 수 있는 내용을 뽑아내기는 어렵다. 물론 모두 이미 끝난 이야기이므로 실험적인 조정을 하는 것도 불가능하다.

그래서 번뜩임을 연구하고자 하는 심리학자들은 보통 사람에게도 가능한 번뜩임을 포함한 과제를 다수 고안해서 많은 실험 참가자를 동원해 연구를 진행하고 있다. 다양한 과제가 있지만, 아래에서는 세 개 정도 서로 다른 유형을 예로 들어보겠다.

우선 우리가 20년 이상이나 해온 'T' 퍼즐이 있다. 이것을 142쪽 [그림 5-1]에 표시했다. 실험 참가자에게는 왼쪽의 네 개의 조각을 주고, 이것을 가지고 오른쪽과 같은 T자 모양을 만들도록 요구한다. 언뜻 보기에는 간단해 보이지만, 이것을 처음 보자마자 금방 풀 수 있는 사람은 없다. 15분의 제한시간을 부여하는 경우가 많은데, 푸는 사람은 10퍼센트 내외다. 참고로 나는 40~50분 정도 걸렸던 것 같다. 이 퍼즐은 이 밖에도 재미있는 모양을 열두 개 정도 만들 수 있으니 도전해보면 좋을 것이다. 자기 머리가 굳었는지 말랑

[그림 5-1] **'T' 퍼즐**
정답은 오른쪽 T자 도형의 a부터 b를 연결하는 직선을 긋고,
이것과 평행의 직선을 c부터 그어보면 알 수 있다.
또한 퍼즐을 실시할 때 a, b, c 기호는 없다.

말랑한지 잘 알 수 있다.

또 하나는 원격연상과제remote associate test라고 불리는 것으로 문자를 활용한 과제다. 주간지 같은 데서 쉽게 볼 수 있는 것으로, 세 단어의 첫 글자에 한 글자를 더해 의미가 있는 단어를 만들어야 한다. 참고로 대학생에게 제한시간으로 45초를 주고 이를 실시했을 때의 정답률은 왼쪽은 100퍼센트, 가운데는 50퍼센트, 오른쪽은 5퍼센트였다.

마지막은 발산發散과제라고 불리는 것으로, 예를 들어

[그림 5-2] 원격연상과제
각 단어의 최초의 한자에 한 글자를 더해
세 가지 모두 뜻이 통하는 단어를 만든다. 답은 5장의 참고문헌 부분에 실었다.
寺井仁·三輪和久·浅見和亮,
「日本語版 Remote Associates Test の作成と評価」,
『心理学研究』, 84, pp. 419~428, 2013.

UUT(unusual use test) 같은 것이 있다. 이것은 일용품에 대해 본래 목적 이외의 사용법을 최대한 많이 생각해내는 것이다. 그리고 그 사용법을 참신성과 유용성의 관점에서 제삼자가 평가한다. 예를 들어 중고 CD를 생각해보면, CD를 까마귀 방지용으로 쓴다, 컵 받침으로 쓴다, 프리스비[플라스틱 원반] 대신 쓴다 등이다(모두 내가 생각해냈지만, 그리 참신하거나 유용하지는 않다). 이것이 발산과제라고 불리는 이유는 앞의 두 과제가 하나의 해답을 구하는 수렴적인 문제인 반면, 이 과제는 해답이 정해져 있지 않으며 언제라도 해답을 낼 수 있기 때문이다.

이들 중의 어떤 과제라도 과학의 발견 같은 것과 비교해보면 사소하다고 느낄 것이다. 다만 보통 사람이 풀지 못하는 문제가 아니면 실험을 시작할 수 없으므로, 이런 종류의 것을 활용할 수밖에 없는 사정은 알아주길 바란다. 또한 사소하다고는 해도 번뜩임의 요소는 포함하고 있다. 특히 T자 퍼즐이나 어려운 원격연상과제에서는 비교적 긴 시간 풀지 못해 애쓰곤 한다. 그리고 풀릴 때에는 갑자기 풀린다. 그런 사정이므로 양해해주길 바란다.

제약을 완화하기 위한 번뜩임

앞에서 제시한 과제는 모두 정답을 알아버리거나 혹은 들으면, 왜 진작 알아차리지 못했는지 이상한 기분에 휩싸이게 된다. 적어도 심리학 실험에서 활용되는 과제에는 그러한 성질이 있다(일부 위대한 발명이나 발견에서도 그러한 것이 성립한다고 생각한다).

그렇다면 왜 단순한 문제를 풀지 못하는 것일까? 그것은 우리의 안에 '제약constraint'이 존재하기 때문이다. 여기서 제약이라는 말은 전문용어로 쓰이고 있다. 우리가 거주하는 세계는 굉장한 양의 정보를 우리에게 제공해준다. 그중 대부분은 자기가 지금 하려는 것과 관계없다. 이러한 관계없는 정보를 일일이 고려하다가는 꼼짝도 못 하게 된다. 그래서 외부로부터 들어오는 정보를 걸러서 관련성이 높은 정보를 뽑아내는 일이 필요하게 된다. 이 필터와 같은 것을 제약이라고 부른다.

제약은 지각하는 상황뿐 아니라 사고하는 상황에서도 요구된다. 어떤 전제로부터 추측할 수 있는 것은 거의 무한하다. 친구가 울고 있다고 생각해보자. 슬픈 일이 있었을지도 모른다, 반대로 감동한 일이 있었을지도 모른다, 눈에 티끌이 들어갔기 때문인지도 모른다, 무언가 연기를 연습하고 있었을지도 모른다, 콘택트렌즈가 눈에 안 맞았을지도 모른다, 이러한 것을 일일이 검토해서는 시간이 얼마라도 부족하다. 그래서 우선 자주 있을 법한 이유인 슬픈 일 때문이라고 생각하는 것이다.

이 의미에서 제약은 우리의 인지를 지탱하는 역할을 한다. 따라서 인지과학처럼 마음과 관련된 과학의 영역에서는 제약이라는 용어가 긍정적인 의미를 가진다고 여겨진다. 그러나 번뜩임과 관련해서는 이것이 역으로 작동한다. 제약이 배제하려는 것 속에 해답이 존재하기 때문이다.

이것을 T자 퍼즐을 가지고 생각해보자. T자 퍼즐 조각은 회전을 고려한다면 조각의 배치방법이 방대하며, 그 조합방법, 조합위치 등도 방대하다. 그러나 사람은 그 방대한 가능성을 하나하나 시도하지는 않는다. 이것을 본 사람은 처음에 T자는 가로축과 세로축으로 구성되었고, 조각이 네 개이므로 세로축에 두 개, 가로축에 두 개의 조각을 놓으면 된다고 생각하기 마련이다. 그리고 가로축과 세로축이 모두 깔끔한 장방형을 이루고 있기에, 조합해서 불필요한 각을 없애면 좋을 것이라 생각한다. T자 퍼즐이 아니더라도 원래 인간은 요철凹凸이 없는 깔끔한 모양을 만들려는 경향, 물체를 배치할 때는 기준이 되는 선 혹은 면과 평행 또는 수직으로 놓으려는 강한 경향을 지니고 있다. 이러한 제약이 작동하면, T자 모양을 만드는 것은 불가능해진다.

그렇기에 잘 풀기 위해서는 이들 제약의 움직임을 약화, 즉 완화시킬 필요가 있다. 제약 완화의 작동방식은 매우 단순하다. 그것은 실패를 바탕으로 하고 있다. 실패를 거듭하다 보면, 실패를 발생시켰던 제약의 강도는 점차 감소한다. 즉, 완화된다. 그러자 이번에는 이전에 잘 하지 않았던 배치방법과 조합방법의 출현빈도가 높아진다. 그러한 것이 쌓이다 보면 어느 순간엔가 적절한 배치방법, 접속방법이 우연히 만들어진다. 거기서 번뜩임이 떠오른다.

제약의 완화과정에서 나타나는 다양성과 그에 대한 평가

이렇게 말해버리면, 그렇다면 통찰은 단순한 시행착오인가 하는 의문이 떠오른다. 기본적으로는 그렇지만, 똑같이 시행착오를 하더라도 잘할 수 있는 사람과 그렇지 않은 사람이 있다. 대체 이 차이는 어디에서 발생하는 것일까? 거기에는 여러 인지 자원이 만들어내는 다양성과 시행에 대한 평가가 관련되어 있다.

그래서 T자 퍼즐을 능숙하게 푸는 사람과 그렇지 않은 사람이 무엇을 하고 있는지 자세히 분석해보았다. 실험의 개략은 [그림 5-3]에 제시했다. 여기서는 평가과제라는 것을

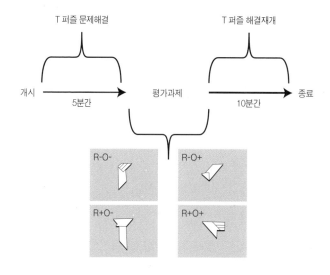

[그림 5-3] **개인차 실험의 개요**
처음에 5분간 퍼즐을 푼다.
그 후에 그림 아래에 있는 두 조각을 조합한 것을
제시하고(네 개 패턴 곱하기 3으로 열두 개),
그것이 얼마나 목표에 도달할 것 같은지 평가하도록 한다.
그리고 다시 T자 퍼즐을 푼다.

도중에 삽입하는 조금 다른 방식으로 진행했다. 평가과제라는 것은 퍼즐 조각의 배치방법과 조합방법의 패턴을 여러 가지로 만들어, 그것이 정답에 얼마나 가까운지 평가하도록 하는 것이다. 이 과제 속에는 해결 직전의 패턴도 포함되어 있어([그림 5-3] 중앙부의 오른쪽 아래 패턴), 해결을 위한 힌트를 사전에 제시한 셈이 된다.

그러자 잘 푼 사람은 초기의 시행에서, 퍼즐 조각의 배치방법이 매우 다양하다는 것을 알 수 있었다. 다시 말해 다양한 배치방법을 시도하고 있는 것이다. 확실히 사람은 제약에 얽매인 시도를 하지만, 모든 시도가 그렇다는 것은 아니다. 이것은 4장의 발달에서 확인할 수 있었듯이, 어떤 단계에 있다고 하는 아이라도 그와 무관하게 다양한 생각을 하는 것과 마찬가지다.

열쇠가 되는 오각형 조각을 비표준적인 모양으로 배치하는 것은 일정한 비율로 발생한다. 퍼즐을 풀지 못했던 사람조차 그렇다. 다만 그 비율이 다르다. 풀 수 있었던 사람은 3~4회에 1회 정도 제약에 얽매이지 않는 배치방법을 쓰고 있다. 반면에 풀 수 없었던 사람은 5~6회에 1회 혹은 그 이하가 된다.

또 하나의 차이는 평가를 하는 안목이 얼마나 확실한지와 관련되어 있다. 다양한 배치방법을 쓰는 것뿐이라면, 단순히 발산하는 것에 지나지 않게 된다. 여러 가지 배치방법

중에서 적절한 것과 그렇지 않은 것을 판가름하는 것이 문제해결에 중요하다. 풀 수 있었던 사람은 좋은 배치방법([그림 5-3] 중앙부의 오른쪽 아래 패턴)을 보았을 때 그것을 다른 부적절한 것보다도 높이 평가한다. 반면에 풀지 못한 사람은 좋은 배치를 보더라도, 다른 배치와 마찬가지로 낮게 평가해버린다.

이 실험에서는 그 밖에도 흥미로운 비교를 할 수 있다. 이는 평가과제에서 좋은 배치방법을 보여주고 있기 때문이다. 이에 따라 그 후에 배치방법이 바뀔 가능성이 있다. 이를 최종적으로 풀 수 있었던 사람(150쪽 [그림 5-4]의 '자력')과 그렇지 않은 사람([그림 5-4]의 '미해결')을 비교해보았다. [그림 5-4]의 '배치방법'이란 요철이 있는 오각형 조각의 배치방법을 표시하고 있다. 반면에 '접속방법'이란 오각형 조각과 다른 조각 사이의 연결방법이다. 그리고 세로축은 제약에 얽매이지 않았던 적절한 시행비율을 나타낸다.

조금 복잡하지만 제한시간 내에 퍼즐을 풀 수 있었던 자력 그룹(그래프상의 실선)은 어떤 제약에 대해서도, 평가과제 후에는 완화의 정도가 높아져 제약을 일탈한 비표준적인 시도가 증가했다. 반면에 풀 수 없었던 미해결 그룹(그래프상의 흐린 점선)은 평가과제 전후에 거의 변화가 없다. 다시말해 평가를 적절히 할 수 있을지 어떤지가 그 후의 시행을 좌우한다.

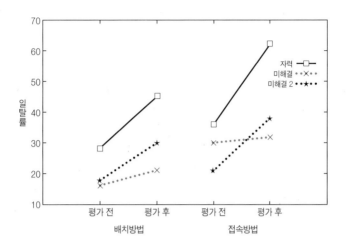

[그림 5-4] **힌트를 본 후의 제약 완화**
자력이란 제한시간 안에 해결한 사람을 가리키고,
미해결이란 해결하지 못한 사람을 가리킨다.
그리고 미해결 2는 평가과제에서 적절한 평가를 했는데도
해결하지 못한 사람이다.
鈴木宏昭,「創造的問題解決における多樣性と評価―洞察研究からの知見」,
『人工知能学会誌』, 19, pp. 145~153, 2004.

더욱이 흥미로운 것은 [그림 5-4]의 미해결 2(그래프상의
진한 점선)라는 그룹이다. 이 그룹은 결과적으로는 풀지 못
했으나, 평가과제에서는 풀었던 자력 그룹과 마찬가지로
적절한 평가를 했던 그룹이다. 이 그룹의 제약 일탈률의 증
가율은 직선의 기울기가 거의 비슷하다는 것에서 알 수 있
듯이, 풀 수 있었던 자력 그룹과 거의 차이가 없다. 다시 말

해 좋은 배치방법을 보고 그 후에 시행이 변화했다. 그렇다면 좋은 방법을 보고 높이 평가했음에도 퍼즐을 풀 수 없었던 이유는 무엇일까? 이 수수께끼를 푸는 열쇠는 일탈의 수와 비율에 있다. 확실히 이 미해결 2 그룹은 일탈한 시행의 숫자는 늘어났으나, 늘어났다고 해도 그것은 퍼즐을 풀 수 있었던 자력 그룹의 초기 단계와 거의 같은 수준에 머물고 있다. 좋은 것을 보더라도, 또한 더 나아가 좋은 것을 보고 그것이 좋다고 평가하더라도, 다양성이 적으면 결국 실패로 끝나버리고 마는 것이다.

이 결과가 4장에서 언급했던 것과 일치함을 알아챈 독자도 많을 것이다. 돌이켜보자. 시걸과 골딘 메도우의 연구에서 다양성이 적은, 복잡한 인지 시스템을 갖추지 못한 아이에게 문제를 푸는 방법을 가르쳐도 효과는 적었다. 그러나 많은 인지 자원을 가진 아이들은 배운 것을 쉽게 잊지 않고 그것들을 확실하게 내재화했다. 번뜩임의 실험에서도, 처음부터 다양하게 시행했던 사람은 평가과제에서 제시된 좋은 배치 패턴이 힌트가 되어 더욱 다양성이 높아져서 그 결과로 번뜩임에 도달할 수 있었던 것이다.

멍청한 의식, 부지런히 일하는 무의식

처음에 번뜩임은 임패스(준비기準備期)라는 단계가 있어, 거기서 악전고투를 하고, 그 후에 번뜩임이 돌연히 찾아온다고 언급했다. 그러나 이것은 지금까지의 흐름으로 보면, 틀렸거나 너무 단순화한 것이 된다. 앞의 실험에서 보았듯이 제약을 일탈한 어느 정도 좋은 배치는 해결의 초기 단계부터 존재한다. 다시 말해 번뜩임의 싹은 처음부터 존재하고 있는 것이다.

나아가 그 번뜩임의 싹은 시도를 거듭하면서 서서히 개화한다. 우리는 이러한 좋은 배치가 문제해결 과정에서 어떻게 변화하는지를 자세히 조사해보았다. 그랬더니 좋은 배치는 시도를 거듭할수록 증가했다. 사람에 따라 다르므로 일률적으로 말할 수는 없지만, 15인 정도의 실험 참가자가 시행한 좋은 배치의 수를 네 개의 시간대로 나누어서 보면, 대부분의 경우 그래프는 우상향한다. 다시 말해 학습이 발생하고 있다는 것이다.

이처럼 번뜩임을 위한 준비는 착실히 진행되고 있지만, 대부분의 실험 참가자는 그것에 대해 전혀 눈치채지 못하고 있다. 우리의 연구는 아니지만, 번뜩임을 필요로 하는 과제와 이를 필요로 하지 않는 통상의 과제를 하면서 자기가 어느 정도 정답에 가까이 갔는지를 숫자로 몇 번이고 보고

하도록 하는 실험을 한 연구자가 있다. 이에 따르면, 번뜩임 과제의 보고는 해결하는 동안 쭉 낮은 상태이다가 해결 직전이 되자 급격히 상승한다.

실패를 통해 서서히 학습이 진행되고 있는데, 어째서 그것을 눈치채지 못하는 것일까? 그것은 의식의 움직임이 매우 둔하기 때문이다. 한마디로 멍청하기 때문이다. 어떤 배치가 어느 정도 좋은지 의식적으로 파악하려 해도, '전혀 안 돼', '그럭저럭 괜찮다', '이게 좋다'라는 정도의 매우 대략적인 평가밖에 할 수 없다. 좋은 배치방법이 1.5배 정도가 되었다는 것은 보통 사람의 의식으로는 파악할 수 없는 것이다. 다시 말해 의식은 멍청한 것이다.

의식이 멍청하다면, 시행을 거듭하는 도중에 이루어지는 학습은 무엇이 지탱하고 있는 것일까? 그것은 무의식이라고 생각할 수밖에 없다.[5] 이러한 것을 검증하기 위해, 우리 연구실에서는 잠재의식적subliminal 자극을 활용한 실험을 반복해왔다. 잠재의식적이라는 것은 의식의 밑이라는 의미다. 자극이 극히 짧은 시간이었거나, 시각적 자극의 경우 밝기가 낮거나, 전후에 다른 자극을 주입함으로써 자극을 지

---

5 여기서 무의식이라고 하면 프로이트의 정신분석학을 떠올리는 사람이 있을지도 모르지만, 그가 언급하는 차원의 의미로 무의식을 사용하고 있는 것은 아니다. 단지 의식적으로 알아차리지 못하는 인지적 처리를 무의식이라고 부르고 있다는 것에 주의를 기울였으면 한다.

각하지 못하게 된다. 이를 이용해 실험에서는 퍼즐의 정답 이미지 혹은 힌트를 잠재의식적으로 제시했다. 보이지 않는 정보 또는 봤다는 의식이 생기지 않는 정보가 도움이 된다면, 그것을 이용하고 있는 것은 의식적인 시스템이 아니라 무의식적인 시스템 쪽이라는 논리다.

그래서 이를 실행해보니, 참가자에게는 그 이미지가 보였다는 의식이 전혀 생기지 않았지만, T자 퍼즐 같은 것에서 성적이 상당히 향상했다. 실제로 해결자의 수가 늘어난 것은 아닐지라도, 이전에 비해 적절한 배치방법과 조합방법이 증가했다. 다시 말해 시행을 거듭하는 중에 진행되는 제약의 완화를 지탱하고 있었던 것은 무의식이었다.

솔직히 이 프로젝트의 최초의 실험결과를 봤을 때는 놀랐다. 무의식적인 처리가 인간의 인지에 중요하다는 것은 심리학계에서는 상식이기에 물론 알고 있었다. 그러나 그것들은 비교적 단순한 과제를 통해 보고된 것으로, 해결하는 데 수십 분이나 걸리는 복잡한 과제에서 나온 보고는 그때까지 없었기 때문이다.

의식이 알아차리지 못하는 사이에 과묵하고 부지런한 무의식적인 학습 시스템이 작동해서 좋은 배치의 증가, 곧 제약의 완화를 지탱하고 있는 것이다. 의식은 멍청하기에 그것을 전혀 알아차리지 못한다. 그리고 무의식적인 시스템이 학습을 거듭해 상당한 수준까지 좋은 배치의 패턴을 만들어낸다. 그러자 의식적인 시스템도 그것을 알아차린다. 그리고 "알았다"고 소리치고 성공을 가로채는 것이다. 따라서 번뜩임이 돌연 찾아온 것 같은 인상이 만들어지는 것은 의식적인 시스템이 멍청하기 때문에 생기는 착각에 불과하다.

환경과의 상호작용

3장과 4장에서 보았듯이, 번뜩임도 머릿속에서만 완결되는 것은 아니다. 번뜩임의 힌트는 환경 속에 존재하기도 한다. 몇 번이나 언급해온 T자 퍼즐도 이를 머릿속에서만 풀 수 있는 사람은 없다. 실제로 조각을 움직여 그 모습을 보면서 의식적인 혹은 무의식적인 조정이 이루어져, 그 결과 번뜩임이 발생하는 것이다. 즉, 자신의 신체를 통한 행위, 그것으로 발생하는 환경의 변화, 그러한 것이 번뜩임을 위한 힌트가 되는 것이다.

T자 퍼즐을 풀 때 크기가 같은 T자를 인쇄한 모형 종이를 주고, "이 T자 부분에 딱 들어맞도록 네 개의 조각을 배치해주세요"라고 말한다면, 퍼즐을 푸는 시간이 많이 단축된다. 이것은 모형 종이라는 환경이 조각 배치의 적합도에 대한 정보를 제공해주기 때문이라고 생각된다. 오각형의 조각을

올바르게 배치하더라도 모형 종이가 없다면, 그것이 T자의 어느 부분에 해당하는지를 알 수 없는 경우가 많다. 그러나 모형 종이가 있다면, 그것은 일목요연해진다. 이처럼 모형 종이라는 환경은 보통은 보이지 않는 정보를 보여준다.

신체, 행위, 환경과 번뜩임의 관계에 대해 오랫동안 독창적인 연구를 거듭해온 아베 게이가阿部慶賀는 이를 [그림 5-5]와 같이 정리하고 있다. 환경이 제공하는 시각 정보뿐만 아니라 신체의 동작을 환경에 더함으로써 새로운 시각 정보, 경우에 따라서는 촉각이나 청각 정보 등도 얻을 수 있

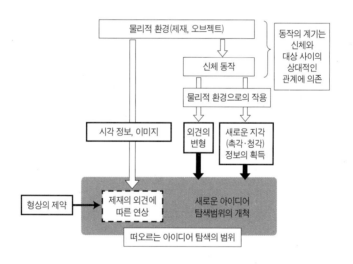

[그림 5-5] **신체, 행위, 환경과 번뜩임의 관계**
阿部慶賀, 『創造性はどこからくるか』(越境する認知科学 2), 共立出版, 2019.

다. 이러한 정보가 조합됨으로써 새로운 환경이 형성된다. 그러자 처음과는 다른 탐색 공간이 조성된다. 나아가 그러한 것 속에 해결을 위한 단서가 숨어 있을 수도 있다.

또한 행위나 신체 동작이라는 것은 단순히 손이나 발의 움직임에 그치지 않는다. 그와 관련된 인식과 감정도 함께 뇌 속에서 활성화된다. 프리드먼Friedman과 푀르스터Foerster는 '매몰埋沒 도형 테스트'라는 과제를 가지고 매우 흥미로운 실험을 진행했다. 이 과제는 [그림 5-6]과 같은 것으로, 왼쪽의 물체가 오른쪽에 몇 개 있는지 생각하는 것이다. 이른바 번뜩임 과제와는 조금 다르지만, 고정된 틀에 얽매이지 않는 발상의 전환이 필요하다고 여겨지는 과제다. 이를 실시할 때 그룹을 둘로 나누어, 한쪽 그룹은 자기

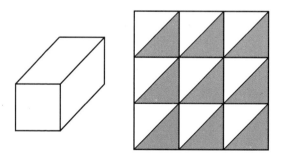

[그림 5-6] **매몰 도형 테스트**
왼쪽의 직육면체가 오른쪽에 몇 개 있는가?

앞의 책상을 위로 들어 올리게 한 뒤 풀게 하고, 나머지 그룹에게는 책상을 위에서 누르면서 풀도록 지시한다. 그러자 책상을 들어 올린 그룹 쪽이 성적이 좋아진 것이다.

이 실험을 진행한 연구자들은 이 결과를 다음과 같이 해석하고 있다. 매몰 도형의 과제에서는 통상적인 틀에 얽매이지 않는 다양한 관점에서 바라보는 것이 필요하다. 이러한 접근법과 잘 맞는 것이 수용하는 태도다. 한편 책상을 누를 때는 신근, 들어 올릴 때는 굴근을 쓴다. 통상 신근은 거절하는 상황에서, 굴근은 수용하는 상황에서 쓰인다. 각각의 근육을 사용함으로써 그것과 관련된 태도와 감정이 생겨나 그것이 두 그룹의 성적 차이로 연결된다. 그들은 이렇게 생각하고 있다.

상당히 믿기 힘든 해석이라고 생각한다. 나도 첫 실험쯤에서는 그렇게 느꼈지만, 일곱 번 실험을 반복해서 같은 효과가 있다는 것을 확인한 후에는, 이 해석을 받아들일 수밖에 없다고 생각하게 되었다. 더욱이 신체가 가져오는 효과에 대한 다른 연구도 있다. 그중에 인지과학자인 나가이 마사요시永井聖剛와 야마다 요헤이山田陽平가 '아이디어 생성'이라는 발산계의 과제를 활용해 진행한 연구가 있다. 이 실험에서는 새로운 쌀의 브랜드 이름을 생각해내는 과제에서, 팔을 크게 휘두르며 생각하는 그룹과 팔을 작게 휘두르며 생각하는 그룹으로 나누었다. 그랬더니 팔을 크게 휘두른 그룹은 고안해낸 이름의 숫자가 많았고 독특한 것도 많았다고 한다.

메타학습: 번뜩이는 머리가 된다

지금까지 특정 과제를 통해 번뜩임이 발생하는 메커니즘에 대해 생각해왔다. 이러한 번뜩이는 경험을 쌓아나가면 사람은 번뜩이기 쉬운 머리로 변화해가는 것일까? 이것은 3장에서 언급한 것처럼 능숙해진다거나 신속해진다는 수준의 변화가 아니라, 그러한 변화를 지탱하는 메커니즘 자체의 변화를 가리킨다. 그러한 의미에서 메타학습이라고 불린다. 경험을 통해 배우기 쉽게 되도록, 그러한 변화를 일으키기 쉽게 하는 인지적 변화라고 이해하면 좋겠다.

내 연구실의 박사과정에 있는 요코야마 다쿠橫山拓가 이 문제에 도전했다. 이때 활용한 것은 F자 퍼즐로, 조각이 여섯 개여서 T자 퍼즐보다 복잡하다. 기본적으로는 'F'의 모양을 만드는 것이지만, 이 외에도 전혀 다른 모양의 도형을 스무 가지 정도 만들 수 있다. 단순히 모양이 다르다는 것뿐만 아니라 각각의 도형을 만들 때의 '핵심' 포인트도 다르다. 따라서 전에 이 조각을 비스듬히 놓아서 도형을 만들었다고 해서, 이번에도 비스듬히 놓으면 된다는 것은 아니다. 실험에서는 한 명의 참가자가 3일에 걸쳐 열 개의 퍼즐을 순서대로 풀어나갔다.

그 결과, 네 번째 문제에서 다섯 번째 문제로 넘어갈 때 급격한 변화가 나타나, 다섯 번째 이후의 문제해결 시간은 극적으로 감소하게 되었다. 시간의 극적인 감소와 강하게 관련된 것 중의 하나로 역시 다양성의 증가가 있다. 네 번째 문제까지는 하나의 문제를 푸는 도중에 나타난 조각의 새로운 배치방법과 조합방법은 시행의 30~40퍼센트 정도였으나, 다섯 번째 문제 이후는 60~80퍼센트 정도가 새로운 것이 되었다. 또 하나 변화한 것은 평가의 적절성이 증가한 것이다. 이는 평가과제가 아니라 단념을 잘하는 점에서 확인되었다. 첫 번째 문제에서 세 번째 문제까지는 빨리 단념하지 못해 여섯 개의 퍼즐 조각 중 네 개 이상을 조합한 후에야 안 된다는 것을 확인하고 새로운 시도를 하는 일이 많았다. 그러나 후반이 되자 두세 개의 조각을 조합한 것만으로 판단해서 안 될 것 같은 때에는 빠르게 새로운 시도를 하는 일이 많아졌다. 다시 말해 실패와 관련된 판단을 빨리 할 수 있게 되는 것이다.

또한 이러한 변화와 함께 견본 도형을 빈번하게 참조하게 되었다. 견본 도형이라는 것은 만들어야 할 도형의 외각선이 그려진 것으로, 이것을 문제를 푸는 내내 참가자의 옆에 놓는다(그런데 이 그림은 실물의 약 4분의 1로 축소되어 있어 맞쳐볼 수는 없다). 참조시간이 단순히 늘어나는 것은 아니어서, 첫 번째 문제부터 네 번째 문제까지는 수행시간의 10퍼센트 정도밖에 견본을 참조하지 않는다. 그러나 후반이 되면 20퍼센트 정도부터 시작해, 경우에 따라서는 50퍼센트를 넘어설 정도까지 견본을 관찰하기도 한다.

이러한 변화를 공분산 구조분석共分散 構造分析이라는 통계적인 방법을 통해 해석하면, 견본을 참조함으로써 평가가 적절해지며(단념이 빨라진다), 그럼으로써 시행의 다양성이 늘어나, 그 결과 달성시간이 단축되는 관계를 확인할 수 있었다. 다시 말해 환경을 잘 이용하고 환경과 잘 지낸다는 것이(2장에서 언급한 오프로드off-load) 자신의 현재 상황을 올바르게 이해하는 데 도움이 된다. 그리고 그렇게 현상을 이해할 수 있게 되자, 실패가 계속되는 현상과는 다른 접근법을 모색하게 된다. 이렇게 다양성이 높아짐으로써 통찰하기 쉬워지는 것이다.

요점정리:
중복성과 흔들림이 번뜩임을 만든다

누구나 번뜩임을 얻고 싶다고 생각할 것이다. 그러나 그것은 좀처럼 찾아오지 않는다(금방 알 수 있다면 그것은 번뜩임이라고 부르지 않기 때문이다). 번뜩임을 방해하는 것은 제약과 편견이다. 제약은 표준적인 환경에서 잘 작동하지만, 번뜩임을 필요로 하는 듯한 상황이 되면 오히려 방해하는 식으로 작동하고 만다. 그래서 몇 번이고 실패를 거듭한다. 더 나아질 가망이 전혀 보이지 않으면 포기하고 싶어진다. 그러나 그것은 멍청한 의식이 만들어내는 오해다. 유능한 사람의 무의식은 거기에서 많은 것을 학습해 제약을 완화하며 결국 번뜩임에 도달한다.

다만 이러한 무의식의 학습 시스템이 잘 작동하기 위해서는 시도의 다양성이 필요하다. 이것은 4장에서 보았던 것과 마찬가지다. 고정된 방법으로만 실패를 거듭하면 학습은 제한되어 제약은 잘 완화되지 않는다. 다양한 유형의 시도를 통해서만, 적절한 평가가 가능하게 된다(이것도 거의 무의식의 움직임이다).

또한 번뜩임은 아무것도 없는 곳에서 생기는 것이 아니다. 신체를 움직이는 행위를 통해 환경에 작용하는 것이 매우 중요하다. 행위를 통해 환경을 변화시키고, (반드시 도움이 된다고는 할 수 없지만) 새로운 정보를 얻는 것이 우리의 내부 상태를 변화시켜 제약 완화를 촉진한다.

그리고 갑자기 뚝 떨어진 것처럼 나타나는 해답이나 아이디어는 실은 무의식이 거기서 이루어진 다양한 시도를 잘 평가해서 제약을 완화한 결과인 것이다. 그리고 임패스

시점에서 실패의 다양성이 높으면 높을수록 완화는 더 잘 진행된다. 또한 실패한 시도에 대한 무의식적인 평가가 적절하게 수행되어 더욱 제약의 완화가 촉진된다. 지금까지의 내용을 앞에서와 마찬가지로 창발적 학습의 관점에서 정리해보겠다.

다양성 사람은 막다른 골목에 몰려 어떤 일에 집착하고 있는 것과 같은 상태에서도 복수의 인지 자원을 활용해 시행한다.

환경 행위를 통해 환경에 영향을 미침으로써 새로운 정보가 만들어져 그것이 제약을 완화한다.

흔들림 제약이 완화됨으로써 흔들림이 증폭된다.

창발 그 결과 비표준적인(다시 말해 제약을 일탈한) 복수의 인지 자원이 적절하게 활용되었을 때 번뜩임이 창발한다.

번뜩임도 연습에 따른 인지적 변화나 발달에 따른 인지적 변화와 같은 원리다. 다양한 자원이 환경과의 상호작용 속에서 작동함으로써 흔들림이 일어나고, 그것을 발판으로 삼아 번뜩임이라는 인지적 변화가 만들어지는 것이다. 그리고 그 변화의 과정은 향상 혹은 발달과 마찬가지로 기본적으로 의식의 밖에 있다.

이러한 것이 번뜩임의 배경에 있다고 하면, 거리에 넘쳐

나는 창조력 육성 프로그램이라든가 그러한 것을 정리한 서적이 가진 의의는 매우 한정적이라는 사실을 알 것이다. 다시 말해 실패를 포함한 경험 없이는 어떤 방법을 써도 창의적인 일은 일어나지 않는 것이다. 세계를 바꿀 수 있는 위대한 일곱 가지의 과학적 발견을 다룬『창발적 발견과 우연—과학의 세렌디피티創造的発見と偶然—科学におけるセレンディピティー』(도쿄화학동인東京化学同人)라는 매우 자극적인 책을 쓴 소립자 물리학자인 길버트 샤피로Gilbert Shapiro는 그 책의 서두에서 다음과 같이 밝히고 있다.

일곱 가지 이야기에 등장하는 사건이 일어났을 때, 그 주인공 중에 젊거나 무명의 과학자는 거의 없었다.

그 분야 혹은 관련 분야의 경험 없이는 창조나 번뜩임이 생기지 않는다. 이것은 이 장에서 논의해왔던 내용에 부합한다.

6장

교육을
어떻게 생각해야 할까

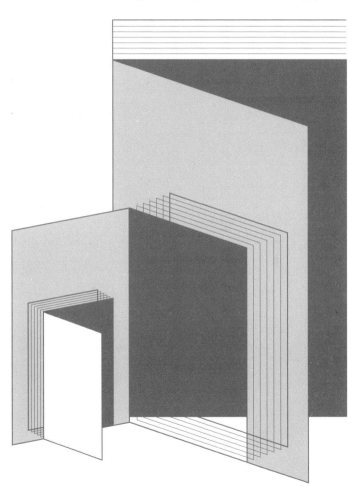

교육과 관련해서는 일상생활에서 만들어진 소박이론素朴理論이 많이 있다. 그 대부분은 학교 교육에서 유래한 매우 특수한 상황의 교육에 그 근간을 두고 있다. 그것들이 100퍼센트 틀렸다고 할 수는 없지만, 많은 오류를 포함하고 있어 생각지 못할 폐해를 가져와 인지적 변화에서 창발을 방해할 위험성이 있다. 이러한 사태를 극복하기 위한 힌트는 마이클 폴라니Michael Polanyi의 암묵적 인식이론과 전통예능의 전승에서 이루어지는 교육에 있다.

지금까지 살펴보았듯이 연습에 따른 학습·발달·번뜩임과 같은 인지적 변화는 다음과 같은 과정을 거쳐 진행된다.

- 복수의 자원이 존재해서,
- 그 자원들이 서로 경합과 협조를 거듭함으로써 흔들림이 일어나고,
- 상황이나 환경과 상호작용을 하면서 인지적 변화가 진행된다.

이 장에서는 이러한 관점에서 교육, 특히 학교 교육에 대해 생각해보고자 한다. 우선 첫째로 교육에 대한 편견으로 여겨지는 소박교육素朴教育 개념에 대해 다시 검토한다. 그리고 소박 개념이 교육을 잘못된 방향으로 유도할 수 있는 위험성을 지적한다. 잘못된 방향이라는 것은 지금까지 논의해온 지식의 창발이나 사건으로서의 지식의 생성을 방해한다는 뜻이다. 문부과학성이 주도하는 다양한 수준의 규

격화는 이것의 극단적인 결과라고 볼 수 있다. 이번 장에서는 여러 가지를 말하고 있기에 정확하게 요약했다고 할 수는 없겠지만, 약속이므로 간략하게 설명해두었다(6장 요약 참조).

먼저 교육에 대한 편견인 소박교육 개념에 대해 다시 검토한다.

소박교육이론

우리는 특별히 교육을 받지 않더라도 혹은 배우지 않더라도 많은 것을 알고 있다. 손에 쥔 물체를 허공에서 놓으면 그것은 낙하한다, 힘을 가하면 물체는 움직인다, 무거운 것은 움직이기 어렵다 등은 중학교에서 물리를 배워야만 알 수 있는 것이 아니다. 생물은 성장한다, 먹이를 주지 않으면 동물은 죽는다, 병은 전염되는 일이 있다 등도 그렇다. 학교에서 과학을 배우기 한참 전부터 그러한 것은 모두 잘 알고 있다.

다시 말해 우리는 자신의 경험과 타인의 경험을 관찰해서 배우지 않고도 지식을 획득하고 있다. 그러한 지식은 뿔뿔이 흩어져 존재하는 것이 아니라, 상호 연결되어 느슨한 체계와 같은 것을 만들어내고 있다. 이것들은 과학적 지식이 체계화되어 이론을 만들어내는 것과 닮았다. 그러한 의미에서 '소박'이라는 수식어를 붙여 소박이론이라 불린다. 그리고 그 대상으로는 생물, 물리, 심리가 대표적인 것으로 꼽힌다.

인간의 생활에서 생물, 물리, 심리는 매우 중요하지만, 이 외에도 중요한 것이 있다. 그것은 교육과 학습이다. 인간은 윗세대가 아랫세대에게 무언가 교육을 하고, 아랫세대는 윗세대의 가르침을 학습함으로써 다른 동물들에게는 없는 발전과 진화를 이루었다.

자기가 실제로 경험을 하지 않고서도 윗세대 혹은 같은 세대의 타인의 경험을 공유할 수 있다. 복잡한 도구를 제작할 때, 만드는 법을 배우거나 관찰을 통해 학습함으로써 제작단계에서 미리 시행착오를 건너뛸 수 있다. "이 버섯을 먹은 사람이 죽었다"라는 것을 언어 같은 것을 통해 전달할 수 있다면, 그것을 먹는 위험을 피할 수 있다. 다시 말해 인간은 이전 세대의 어깨 위에 올라타 진보를 이룰 수 있다. 다른 생물이 전혀 할 수 없는지 따져보면 그렇다고 할 수 없을지도 모르지만, 인간이 이러한 문화적 학습이라고 불리는 메커니즘을 가장 광범위하게 이용한다는 것에는 많은 사람이 동의할 수밖에 없을 것이다.

교육과 학습은 이만큼 중요한 것으로 인류에게 보편적으로 존재한다. 따라서 '교육학 개론'과 같은 강의를 수강하지 않더라도, 누구나 교육과 학습에 대한 소박이론을 만들어가고 있을 것이다. 물론 교육과 학습의 경험은 사람마다 다르며, 사람에 따라 다른 부분도 있을 것이다. 또한 국가나 문화에 따라서 다를지도 모른다. 그러나 많은 사람이 공통적으로 믿고 있는 것도 꽤 많다고 생각한다.

다만 교육과 관련된 소박이론은 오류를 포함하는 것도 많다. 또한 완전한 오류라고는 말하지 않겠지만, 강한 제한을 붙이지 않으면 정당화할 수 없는 것도 있다. 그러므로 우선은 학교 교육에서 유래한 소박이론을 창발적인 인지적 변화의 관점에서 재검토해보고자 한다.

학교 교육의 경험에서 유래한 잘못된 소박교육이론

교육이라고 하면, 대부분의 사람은 연상적으로 학교 교육을 떠올려, 거기서부터 생각하기 시작한다. 그러나 학교 교육은 매우 특수한 학습 환경으로, 그것을 기반으로 한 소박이론은 학교 교육이라는 특수한 조건에서 하는 경험을 과도하게 확대한 것이 많다. 다음에서는 그것을 비판적으로 검토하고자 한다.

문제와 정답에 관련된 소박이론

교육과 학습이라고 하면, 대다수 사람은 학교에서 받는 교육과 학습을 먼저 떠올리기 마련이다. 여기에는 매우 많은 구성요소로 이루어진 소박이론이 있다고 생각한다. 그중에서 '문제와 정답'에 대해 생각해보고자 한다.

- 문제가 출제된다(이미 있다).
- 정답이 있다.
- 정답을 아는 사람이 있다(교사).

많은 사람이 이와 같은 것을 전형적인 교육과 학습의 상황이라고 생각하고 있는 것은 아닐까? 확실히 그것들은 학교에서는 거의 당연한 것처럼 되어 있다. 교사가 학생에게 자신이 정답을 아는 문제를 내고, 거기서 일어나는 반응을 보며 학생을 평가하는 것은 학교의 일상적인 광경이다.

여기서 인지과학적으로 문제를 생각해보겠다. 문제라는 것은 바람직한 상태와 현상이 서로 일치하지 않는 것을 가리킨다. 그리고 문제를 해결한다는 것은 바람직한 상태와 현상이 서로 일치한 상태를 가리킨다. 우리는 보통 이 둘을 일치시키기 위해 현상에 무언가 조작을 해서 그것을 수행한다. 문제는 단일 조작으로 해결할 수 있는 것이 실제로는 드물어서 복수의 조작을 순서대로 잘 실행하지 않으면 안 된다. 다시 말해 해결과정의 각 시점에서 여러 가지 조작 중에 매번 적절한 것을 뽑아내지 않으면 안 된다. 이것을 잘하면 해결할 수 있다.

학교에서 출제되는 문제의 대부분은, "~~~을 구하라"와 같은 형태로 명확하게 제시되며 그래야만 바람직하다고 여겨진다. 또한 현상은 문제 속에 기술되고 있다. 그리고 문제를 해결하기 위한 조작은 교사가 수업 중에 사전에 가르치고 있다. 수학 같은 과목이 여기에 딱 들어맞는다.

학교에서는 그것으로 됐을지 모르지만, 현실에서는 어떨까? 이러한 내용을 강의할 때 내가 항상 이야기하는 에피소드가 있다. 그것은 롯데의 '쿨리쉬Coolish'라는 아이스크림의 개발과 관련된 것이다. 좀 오래된 것이지만 잘 들어주면 좋겠다. 아이스크림 시장은 1994년에 정점을 찍고 이후 매년 하락하고 있었다고 한다. 그래서 롯데의 상품개발부 담당자는 젊은이 수백 명과 인터뷰를 했다. 그러자 젊은이들은 아이스크림이 아니라 페트병에 담긴 음료수로 더위와 갈증을 풀고 있다는 사실이 확실해졌다. 그래서 이 담당자는 "아이스크림도 가지고 다니기 쉽게, 마실 수 있게 하면 좋겠다"는 생각으로 파우치 용기에 담긴 셰이크 상태의 아이스크림을 기획했다고 한다. 다만 거기서부터 다시 비용 문제, 아이스크림의 온도 문제 등이 나타났다. 그리고 해당 상품은 이러한 문제들을 해결한 뒤 판매하게 되었는데, 첫

해의 매출은 예상을 뛰어넘어 당초 목표의 두 배 이상이었다고 한다(이 부분은 2003년 11월 29일자 『아사히신문』의 기사를 근거로 한다).

그렇다면 여기서 문제란 무엇일까? 흔히 볼 수 있는데, 아이스크림의 매출이 감소하고 있는 것이라고 대답한 사람은 틀렸다. 어떤 곤란한 사태가 발생했을 때 그것을 문제라고 생각하는 사람이 있지만 그것은 틀렸다. 그것은 현상이다. 바람직한 상태는 매출을 늘리는 것(줄이지 않는 것)이다. 그러나 매출을 올리고 싶다고 마음먹어도 매출은 올라가지 않는다. 따라서 이 수준에서 문제를 파악해도 해결할 수 없다. 그래서 이 개발자는 인터뷰를 통해 '가지고 다니기 쉽고 마실 수 있는' 아이스크림을 개발하겠다는 목표를 만들어낸다. 이로써 문제 자체를 창발시킨 것이다. 이 문제를 해결하기 위한 조작operator은 파우치 용기를 이용한다든가 셰이크 상태로 만든다든가 같은 것들이었다. 물론 거기서부터 다시 다양한 문제들이 등장하지만, 이 개발자의 뛰어난 점은 문제를 만들어낸다(창발시킨다)는 점에 있다. 문제가 처음부터 존재한 것은 아니었다. 단지 곤란하다는 것은 문제가 아니다. 자기가 이용할 수 있는 조작이 잘 적용될 수 있도록, 스스로 만들어내지 않으면 안 되는 것이다. 또한 말할 필요도 없는 일이지만, 그가 문제를 풀고자 했을 때 필요한 정답을 미리 알고 있던 교사도 없었다. 원래 정답 따위는 어느 누구도 모를 때가 많다.

다시 말해 학교에서 통용되는 '문제가 있다', '정답이 있다', '교사가 있다'는 전제는 성립하지 않을 때가 많다. 문제는 스스로 창발시키지 않으면 안 된다. 정답은 있을지 어떨지 모른다. 답을 알고 있는 사람도 (적어도 주변에는) 없다. 학교와는 전혀 다른 그러한 상황이 우리의 일상을 형성하고 있다.

'기초에서 응용으로'라는 소박이론

이것과 관련된 또 하나의 소박 개념은 '기초에서 응용으로'라는 것이다. 기초적인 것을 학습한 후에 그것을 응용한 것이 준비된다. 여기에서는 '단순에서 복잡으로'라는 소박 개념도 관련되어 있을 것이다. 처음에는 단순한 것을 학습하고 그것을 조합해 좀 더 복잡한 문제에 도전하는 것이 보통이라고 생각한다. 앞에서 말한 대로 기초적이고 단순한 것은 응용이나 복잡한 문제를 풀 때의 조작으로서 기능한다는 의미가 될 것이다.

다만 이것도 현실 세계와는 거리가 있는 이야기다. 그것은 어떤 문제에 직면할지가 확정되지 않았기 때문이다. 어떤 문제가 생길까? 어디쯤에서 문제가 생길까? 그러한 것을 알 수 있다면, 사전에 조작을 학습해두는 게 가능할 것이다. 그러나 현실에서는 그러한 것을 알 수 없다. 따라서 그 자리에서 바로 필요한 조작을 배우지 않으면 안 되는 경우가 매우 많다.

대학에서는 교양과정(최근에는 이런 말을 쓰지 않지만)에서 3~4학년 때 배우게 될 공부의 기초가 되는 내용을 가르친다는 원칙이 있다. 그러나 당연한 일이지만, 교양으로 배운 내용만 가지고 할 수 있는 것은 거의 없다. 그러한 경우에 무엇을 배우면 문제를 해결하는 데 유효할까? 혹은 어떤 책과 논문을 읽으면 유효할지 스스로 그 자리에서 생각해내지 않으면 안 된다. 이것은 대학에서 연구하고 있는 우리 교수들에게도 해당된다. 지금까지 배운 것으로 금방 알게 되는 문제에는 원래 하찮은 문제가 많다. 따라서 미지의 영역에 계속 도전하지 않으면 안 되는 것이지만, 미지의 문제이기 때문에 그것의 기초를 사전에 알 수는 없는 것이다.

학교에서 통용되는 '기초에서 응용으로'라는 전제는 성립하지 않을 때가 많다. 그렇기에 스스로 창발시킨 문제의 해결을 목표로 자신의 인지 자원과 환경의 자원에서 새롭게 해결책이 발생할 수 있는 가능성을 탐색해나가야만 한다.

'전부 머릿속에서'라는 소박이론

학교에서 치르는 시험은 전원이 침묵 속에서 혼자 문제를 읽고 혼자 답한다. 의논하거나 참고서를 열어보는 것은 허용되지 않는다. 그리고 그러한 상황에서 좋은 성적을 얻는 사람이 머리가 좋은 사람으로 여겨진다. 요컨대 머릿속에 축적한 것(즉 2장에서 논의한 인지 자원)만을 가지고 평가가 이루어진다. 또한 이를 위반한다면 부정행위를 했다는 이유로 처벌의 대상이 되기도 한다.

그러나 지금까지 몇 번이나 말했듯이, 인간의 지성은 환경을 전제로 해서 구축된다. 환경에 작동해 거기에서 정보를 얻고, 거기에서 또 생각해 다시 환경에 작용하는 사이클 속에서 지성은 발현한다. 여기서 말하는 환경은 이른바 물리적인 환경뿐만이 아니라 주변 사람들도 포함한 것이다. 필요한 자료를 검색하고 동료와 선배에게 의견을 구하면서 우리는 인지 활동을 하는 것이다.

그러므로 정보를 잘 찾아내는 방법을 아는 것은 머릿속에 있는 인지 자원을 적절하게 작동시키는 데 도움이 된다. 관련 서적을 찾아내 그 목차를 이용하고 색인에서 조사하고, 검색 소프트웨어의 사용법을 숙지해 거기에서 자료를 선별하는 방법을 몸에 익히는 것과 같은 '기본'은 머리를 효과적으로 잘 쓰기 위해 꼭 필요하다. 또한 자신이 처한 상황을 알기 쉽게 상대에게 전달하며, 좋은 조언을 얻기 위한 질문을 잘 할 수 있는 것도 사회에서 지적으로 행동하기 위해서는 필수적이다. 더 나아가 지성을 잘 발휘할 수 있는 환경을 준비하고, 좋은 동료를 만드는 것도 매우 중요하다.

학교 이야기에서 벗어나지만, 치매[認知症] 징후가 있어서 특별한 시설 같은 곳에 보내지면 갑자기 그 증상이 심해진다는 이야기를 종종 듣게 된다. 시설에는 물론 전문가가 있어 증상에 따른 적절한 처치를 하고 있는데, 어째서 악화되는 것일까? 그것은 위에서 설명한 대로 환자가 지성이 발휘될 수 있는 익숙한 환경에서 격리되었기 때문이라고 생각한다. 가족이 있으면 모르는 것을 물어볼 수 있다. 혼자사는 경우에도, 자택에서 건망증을 방지하기 위해 여러 가지 노력을 하는 노인이 많이 있다. 반드시 보이는 곳에 열쇠가 놓여 있거나, 전화기 옆에는 사기에 대응하는 매뉴얼이 놓여 있으며, 세탁기 옆에는 간단한 사용 설명서가 붙어 있거나 한다. 이러한 환경을 구축해서 그 도움으로 어떻게든 생활을 이어나가고 있는 것이다. 물론 가족이 있다면, 가족에게서 피드백을 많이 받을 수 있다. 그러나 시설에 들어가면 그러한 환경은 없어진다. 그러니까 머릿속에 기억하고 있는 것만으로 해내야만 한다. 실제로 치매 진단을 위한 검사 중에 환경을 이용한다는 측면을 고려한 것은 거의 없다.

나의 모친이 바로 그러한 상태였다. 가장 놀란 것은 시설을 방문해, 어쩐지 대화가 잘되지 않는다고 생각하면서도 20분 정도 이야기를 나눴는데, 웬걸 어머니는 나를 동생(얼굴이 다르며, 말투나 옷도 다르다)으로 생각해서 말하고 있었던 것이다. 집에 있으면, 내가 앉는 장소와 행동(담배를 피우는 것과 같은)이 단서가 되므로 그런 착각은 일어나지 않았을

것이다. 그러나 시설에 들어가면 그러한 환경이 주는 단서
는 얻을 수 없게 된다. 이것이 어머니가 착각한 원인이지 않
았을까?

　학교 교육에서 실시되는 테스트는 지성의 중요한 파트너
인 환경을 박탈하는 것을 전제로 하고 있다. 이러한 평가는
일면적이지 않을까? 환경의 도움이 없는 상태에서 잘 발휘
되는 지성이, 도움이 있는 상황에서는 필요 없을 수도 있을
것이며, 더불어 그런 지성을 위한 노력(특히 테스트를 위한 밤
샘 공부)이 나중엔 그다지 의미가 없게 되는 경우도 많다.

'가르쳐주면 할 수 있다'는 소박이론

교육, 특히 학교 교육은 사회의 변화와 상당할 정도로 연동
된다. 국제화가 진행되었으므로 영어·국제이해 교육, 인공
지능의 시대이므로 프로그래밍 교육, 열여덟 살에 선거에
참여할 수 있게 되었으므로 주권자(시민) 교육, 마음이 황폐
하므로 도덕 교육(정치가에게 듣고 싶지는 않지만) 등등이다. 이
러한 변화들이 생기면 "그럼 학교에서 가르치자", "학교에
서 수업시간을 늘리자"라는 식이 된다. 다시 말해 무언가가
필요해지면 그것을 교육한다는 식이 된다. 이는 "가르쳐주
면 할 수 있다"는 신념에 그 바탕을 두고 있다.

　여기서 "가르쳐주면 할 수 있다"의 '할 수 있다'는 '응용'
과 깊이 관련되어 있다. 예를 들어 유아에게 "12의 제곱은

144다"라고 가르치고, "12의 제곱은 얼마일까?"라고 물어보아 그 아이가 "144"라고 대답할 수 있다면 할 수 있게 되었다고 볼 수 있는 것일까? 그렇지 않을 것이다. 이것은 그냥 앵무새 소리, 2장에서 언급한 '기억'에 불과하다. 12의 제곱이 왜 144일까? 또한 그것과 관련된 다양한 상황에서 그것을 이용할 수 없다면, 마찬가지로 "할 수 있게 되었다"고 말할 수는 없을 것이다.

다시 말해 '할 수 있다'의 핵심에는 '응용'이 있다. 어떤 상황에서 획득한 지식을 다른 상황에서 이용할 수 있는가? 지식의 유연한 이용이 핵심이다. 인지과학을 비롯한 심리학 분야에서는 응용이라고 말하지 않고 '지식의 전이', '학습의 전이'라고 부른다.

지식의 유연한 이용은 인간의 훌륭한 모습이 표현된 것이다. 배운 대로가 아니라 상황에 따라 배운 것을 조정하면서 미지의 문제를 해결해가는 것은 지성의 근간이라고 많은 사람이 생각할 것이다. 그래서 1980년대부터 1990년대는 인지심리학과 인공지능 분야의 많은 연구자가 이 학습과 지식의 전이를 연구했다. 실은 나도 20대에서 30대 중반에 걸쳐 바로 이 연구를 하고 있었다. 박사 논문도 그와 관련된 것이었다.

그렇다면 그러한 연구의 결과로 무엇을 알게 되었을까? 1장과 2장에서도 언급했지만, 대강 정리하면 다음과 같다.

- 학습 현장에서 활용한 사항(예제)과 닮으면, 전이는 일어 나기 쉽지만, 그것과 닮지 않으면, 전이는 일어나지 않는 다(일어나더라도 그 확률은 낮다).
- 몇 번이나 예제를 풀면, 전이의 가능성은 높아진다.
- 다시 말해 인간의 지식과 학습의 전이는 지극히 한정적 이다.

맥이 빠졌을 것이다. 인간의 훌륭함을 밝혀내기 위해 연구를 했는데, 고작 그런 것밖에 알아내지 못했느냐고 분개할 수도 있다. 그런 것 따위는 연구하기 전부터 이미 알고 있지 않았는가라며 어이없어하는 사람도 있을 것이다.[6]

그러나 그런 것이다. 나는 유치원생부터 대학생까지 다양한 연령층의 사람들을 대상으로 다양한 분야(산수·수학, 물리, 경제)의 문제를 가지고 지식과 학습의 전이를 연구해왔다. 매우 노력했으며 시간도 들였다. 그러나 전이는 웬만해서는 일어나지 않았다. 이것은 나의 능력 탓이 아니다. 국내외의 많은 연구자가 수행한 연구도 거의 비슷하다. 간혹 굉장히 잘 전이됐다는 결과가 보고되기도 하지만, 다시 시도하면 확인할 수 없어, 당시 "그 연구실에서만 일어난다"는

6　물론 어떤 의미에서도 전이가 생기지 않는다는 것은 아니다. 자세한 것은 졸저(『유사와 사고類似と思考』 개정판, 치쿠마학예문고ちくま学芸文庫)를 참고하기 바란다.

따위의 뒷말이 퍼지기도 했다.

이것은 2장에서 언급한 것을 바탕으로 판단하면 당연한 결과라고 볼 수 있다. 거기서는 문제를 잘 풀기 위해서는 정보, 그리고 그 기억이라는 인지 자원과, 그것을 활용해야 하는 상황이 제공하는 자원(즉 문제의 문맥 정보)을 조합해서 '지식을 구축'하는 작업이 필요해진다고 서술했다. 반면에 교사가 가르치고 있는 것은 정보일 뿐이므로, 그것은 지식의 소재에 불과하다. 학생의 입장에서 공식이나 해법만 배웠는데 '응용 문제를 풀라'는 말을 듣는 것은 이른바 카카오 열매만을 전달받아 '자, 이제 초콜릿을 만드세요'라는 말을 듣는 것과 별반 차이가 없다. 불가능한 것은 당연한 결과다.

물론 교사는 공식만을 전달하고 끝이 아니라, 예제를 통해 그것을 어떻게 응용할지도 가르치는 경우가 대부분이다. 그러나 거기에서 다루는 예제에는 그것만의 고유한 부분을 반드시 포함하게 된다. 그 문제 속의 정보(상황의 자원)와 가르친 것(기억의 자원) 사이의 연결방법을 해설한다. 그래서 예제와 닮은 응용 문제는 풀 수 있게 된다. 그러나 예제와 닮지 않은 문제는 그 문제의 문맥 정보를 다루는 방법을 모르기에 지식을 구축할 수 없다. 따라서 응용할 수 없다. 이것이 1장에서 말했던 문맥의존성의 원인이다.

연습 문제나 예제를 많이 푼다. 그렇게 하면, 그렇지 않았던 때보다 더 많이 응용할 수 있다. 그것은 정보나 소재의 여러 가지 활용법을 기억하기 때문이다. 그리고 그와 유사한 상황이 나타나면 이전의 활용법을 떠올린다. 그것이 바로 연습이 전이의 가능성을 높이는 이유다.

조금 샛길로 빠지겠지만, 일본기원이 여러 대학에서 바둑과 친해지는 수업을 개설하고 있다. 수업에 필요한 강사비를 전부 일본기원이 부담하는 것으로 흔히 기부강좌라고도 불린다. 바둑은 매우 오랜 역사를 지니며, 인류의 문화유산이라고 말해도 좋을 정도로 훌륭한 것이다. 이를 배우는 것이 매우 멋진 일이라는 데에는 전혀 이견이 없다. 그러나 '바둑으로 배우는 논리적 사고'와 같은 강의 제목은 쓰지 않았으면 좋겠다. 분명히 이 강의를 수강함으로써 '바둑을 논리적으로 둘 수 있는' 학생이 조금은 생길 것이다. 그러나 논리적 사고 전반이 성장한다는 것은 명백히 과대광고다. 바둑의 규칙과 일상세계를 지배하는 규칙은 서로 너무나 달라 그러한 전이는 발생할 리가 없기 때문이다. 그런 품위 없는 강의 제목은 그만두고, '바둑을 통해 배우는 기사의 사고'라든가 '바둑의 역사를 통해 배우는 일본과 동아시아' 같은 제목을 짓는 편이 훨씬 근사하지 않을까?

그건 그렇고, 그렇다면 응용은 예제를 많이 푸는 것만을 말하는 것인가 하고 분개하는 독자도 있을 것이다. 나도 그렇게는 생각하지 않는다. 다른 학습방법이 있다. 그것은 이 장의 뒷부분에서 제시하겠다.

'정확하게' 가르치는 것의 폐해:
스몰 스텝에 따른 교육은 무엇을 만들어내는가

나는 지금까지 지식과 학습의 전이가 매우 제한적이라는 이야기를 학회나 강연회 등 여러 곳에서 이야기해왔다. 그러면 반드시 등장하는 것이 "그것은 가르치는 방법이 나쁘기 때문이 아닐까?"라는 질문이다. 분명히 나도 교육방법이 중요하다는 것에는 동의한다.

확실히 또는 꼼꼼하게 가르치는 이야기를 하게 되면, 흔히 등장하는 것이 스몰 스텝small step이라는 개념이다. 이 교육방법은 가르치는 내용을 요소로 분해한 뒤, 그것을 기초적인 것부터 순서대로 나열하고, 그다음에 그것들을 조합한 복잡한 내용을 설정하는 과정을 반복하는 방법이다. 또한 각 단계에서 시험을 치러, 그 단계에서 학습사항이 충분히 습득되었는지 어떤지를 확인한 뒤, 그 시험을 통과하면 다음 단계로 나아간다. 이러한 교육방법은 동물의 조련과 훈련, 아이의 산수 등 다양한 상황에 적용되어왔으며, 옛날에 주목받은 CAI라는, 컴퓨터가 선생이 되는 학습의 기본 원리이기도 했다. 더욱이 최근에는 평가지표rubric라는 이름으로 대학 교육에도 들어오고 있다.

이러한 교육방법을 아주 당연한 것처럼 느끼는 사람도 많을 것이다. 이에 대해 나의 은사 사에키 유타카佐伯胖는 다음과 같은 재미있는 비유를 고안했다. 그 내용을 인용하려 했지만, 분량이 상당하기에 대략적인 개요만 말하겠다.

어느 날 한 의사가 매우 건강한 어떤 사람을 감기에 걸리게 하려고 생각했다. 감기는 (1) 열이 있고, (2) 두통이 나고, (3) 몸이 나른하다는 세 가지 특징을 가진다. 그래서 카레가루와 고추냉이를 혼합한 것을 그 사람의 몸에 마구 발랐다. 이것으로 40도의 열을 내는 데 성공했다. 다음으로 머리를 힘껏 때려서 두통이 생기게 만들었다. 그리고 그 사람의 몸에 납판을 여러 개 묶고 10킬로미터 정도 달리게 해서 몸이 나른해지게 만드는 것도 달성했다. 그럼 이 사람은 감기에 걸렸을까?

(출처: 佐伯胖, 『「学び」の構造』, 東洋館出版社, pp. 98~99, 스즈키가 요약)

물론 그는 감기에 걸리지 않았지만, 스몰 스텝의 교육이라는 것은 이러한 것이 아닐까? X를 제대로 할 수 있는 사람은 a, b, c를 할 수 있게 된다. 그렇다면 a, b, c를 가르치면 된다. 나아가 a를 할 수 있으려면 α, β, γ가 필요하다. 그렇다면 a를 위해 α, β, γ를 가르치면 된다. 이러한 과정을 거듭한다. 그래서 전부 할 수 있으면, X를 제대로 한 것이 된다고 생각하는 것이다.

사에키의 우화에 등장한 사람이 감기에 걸리지 않은 것

과 마찬가지로, 이러한 교육을 받은 사람이 X를 할 수 있게 되었다고는 말할 수 없다. 다시 말해 요소로 분해해서 개개의 스킬이나 능력을 단련해가면 마지막에는 제대로 학습할 수 있게 된다는 식의 이야기는 성립하지 않는 것이다.

고백하자면 나도 이러한 방법을 시도한 경험이 있다. 대학생이 쓴 보고서의 형편없음에 질려서 어떻게든 개선하려고 노력해본 경험이 있다. 보고서 작성은 문제설정과 논술의 두 가지로 이루어진다. 문제설정은 문제를 인식하고 다듬고 정식화하는 것이다. 이러한 것을 15회의 연습 속에 분배하고 배정해서 강의를 진행했다. 적당히 좋은 결과도 나왔으나, 일부 수강생한테는 "다음에는 무엇을 하나요?"라든가 "이것은 반론을 생각하면 좋겠지요" 같은 얘기를 듣게 되었다. 효과가 확실히 있어서 더 나은 보고서를 쓰는 학생이 적당히 늘어났다. 그러나 뭐라 할까, 완전히 수동적으로 각 과제를 담담히 수행한다는 인상을 받고 매우 실망한 적이 있다.

비슷한 이야기는 현대 AI의 세계에도 있다. 나는 문부과학성이나 경제산업성[한국의 산업통상자원부에 해당]의 거액의 연구자금을 배분하는 위원회의 심사위원으로서 몇 번 출석한 경험이 있다. 그중에 숙련공의 기술을 차세대에 전달한다는 목적으로 진행되는 연구가 있었다. 방법은 숙련공의 몸에 센서를 많이 부착하거나 몇 대의 카메라로 그 움직임을 녹화하는 것이다. 이로써 신체 각 부위의 움직임과 위치에 관한 방대한 데이터를 수집한다. 너무 많아서 잘 알 수 없으므로 심층학습deep-learning의 기법으로 특징[特徵量]을 추출한다. 그리고 그것을 초심자에게 전달하면 된다. 대체로 이런 느낌이었다. 그러나 이것은 감기 이야기와 똑같은 발상이라고 생각한다.

　이러한 이야기에서 무엇이 잘못되었는가 하면, 징후와 원인을 착각했다는 점이다. 훌륭한 능력을 지닌 사람이 X를 할 수 있다, Y를 할 수 있다, Z를 할 수 있다는 것은 전부 징후다. 징후는 원인이 아니다. 징후를 모방하게 해도 원인이 되는 것은 아니다. 이치로鈴木一郎 선수는 현역 시절 큰 플라이가 날아왔을 때 등 뒤로 글러브를 돌려 공을 보지 않고 잡을 수 있었다. 그렇다고 외야수를 육성할 때 열심히 달려가 등 뒤에서 공을 잡도록 훈련시키면 좋을 것이라고 말하는 사람이 있다면, 어리석다고 생각할 것이다. 그러한 것이다.

대학판 '제대로' 가르치는 것의 몽매함: 세 가지 정책

지금까지 언급한 바와 같이, '제대로' 가르친다는 것은 많은, 아니 치명적인 폐해가 있다. 그러나 그것을 더욱 확충하려는 움직임까지 있다. 그러한 움직임이 향하는 곳은 바로 대학이다. 대학 교육은 무엇을 하고 있는가? 확실히 목표를 세우고 그를 위한 커리큘럼을 조정해, 졸업생들이 착실히 그 목표에 도달했는지 어떤지를 평가하는 데 주력한다.

이를 위해 문부과학성과 산업계 그리고 대학교수 일부가 추진한 것이 바로 다음의 세 가지 정책이다.

입학 정책 무엇을 목표로 하고, 그것을 위해 어떤 학생을 입학시키는가? 그것을 위해 어떤 시험을 실시할 것인가?

교육과정 정책 그것을 위해 어떤 교육을 어떤 순서로 진행할 것인가?

학위 정책 졸업 자격을 부여하는 요건을 목표와의 관계에서 명확히 하라.

이것을 마치 당연한 것처럼 생각하는 사람이 있을지도 모르지만, 이것은 1장에서 언급한 능력과 마찬가지로 부적절한 비유다. 어떤 비유인가 말하자면, '공장' 비유다. 어떤 술 제조업체의 정책을 제시하겠다(실제로 있는 어떤 술 제조업체의 것이지만, 적당히 요약하고 바꾸었다. 또 이 정책은 훌륭한 태도라고 생각하며 이에 대해 비판할 생각 따위는 전혀 없다).

원료 술쌀[酒米]의 최고급 쌀 X를 고집하며, 그리고 신비의 명수 Y를 충분히 쓴다.

가공 주조 장인의 감에 의존하지 않고 과학적인 근거를 바탕으로 한다.

제품 잡맛이 없고 깔끔한 목 넘김으로 어떤 요리에도 어울린다.

세 가지 정책이 이러한 제품 만들기에 바탕을 두고 만들어진 것은 명백해 보인다. 입학 정책은 교육의 원료, 곧 입학자에 대응한다. 교육과정 정책은 가공, 학위 정책은 제품에 대응하듯이 이 둘 사이에는 훌륭한 대응관계가 있다. 훌륭하게 대응하고 있다고 해서 근사한 것은 아니다. 서로 성질이 전혀 다른 것(제조)을 교육에 억지로 끼워 넣으려고 하고 있기 때문이다. 그리고 공장에서 물건을 생산하는 것처럼 사람을 육성하기를 요구한다. 여기에는 다양성도, 흔들림도, 그리고 창발도 전혀 존재하지 않는다.

그러나 이것이 의무화되었기 때문에, 대학 전체와 학부에서는 이 세 가지 정책을 만들고 있다. 전부라고는 말하지 않겠지만, 대다수 대학의 세 가지 정책에서는 1장에서 비판했던 '○○능력'이 넘쳐난다. 없는 것을 육성한다고 하므로 과대광고는 물론이고 사실상 사기에 가깝다. 이것도 문부과학성이 추진하는 개혁이라는 이름의 경솔함과 만행의 결과다.

대학은 입시를 통해 학생을 선발하므로 대부분의 학생이 일정한 편차치의 범위 안에 있지만, 실제로 입학하는 학생은 천차만별이다. 교수도 마찬가지로, 여러 가지 의미에서 신기한 사람들이 매우 많아 스스로 좋다고 생각하는 교육을 하고 있다. 그러므로 졸업생들도 어떤 두 사람을 비교해봐도 서로 닮은 점이라고는 없다. 어떤 입시를 실시하더라도, 어떤 교육을 하더라도 클론과 같은 졸업생이 만들어질 리가 없다. 현실이 엄연히 이런데, '제대로'라고 하면 공장의 생산관리 같은 것밖에 떠오르지 않아 그것을 강요하는 개인과 단체에는 강한 반발을 느끼곤 한다.

근접항인 징후와 원격항인 원인

앞에서 언급한 것을 제대로 정리해보고자 한다. 여기서 등장하는 인물이 바로 마이클 폴라니다. 그는 '암묵지暗默知'라는 단어와 함께 등장하는 경우가 많다. 그가 한 말 중에 다음과 같은 유명한 말이 있다.

인간의 지식에 대해 재고할 때 나의 출발점은 우리는 말할 수 있는 것보다 더 많은 것을 알 수 있다는 사실이다.

이것은 정말 그렇지만, 내가 주목하고 싶은 바는 이것이 아니다. 그가 제안한 '근접항近接項'과 '원격항遠隔項'이라는 구별이다. 우리는 세계에서 여러 가지 정보를 얻는다. 이를 근접항이라고 부른다.[7] 다시 말해 자신이 실제로 체감할 수 있는 정보다. 이러한 정보를 얻음으로써, 우리는 머릿속에서 여러 가지 추론을 거듭하며 내부 모델을 만들어낸다. 한편 세계에는 정보를 만들어내는 원인계原因系가 존재하는데, 이것이 원격항이다. 폴라니는 근접항에서 만들어진 내부 모델을 원격항과 연결했을 때, 진정한 이해가 이루어진다고 했다. 이것을 [그림 6-1]에 표시했다.

폴라니가 언급한 맹인의 지팡이를 예로 들어 이를 설명

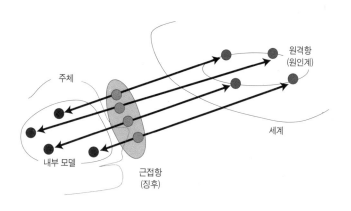

[그림 6-1] **근접항, 원격항, 내부 모델, 투사**

7　근위항近位項이라든가 제세목諸細目, particulars이라고도 불린다.

해보겠다. 지팡이가 무언가에 부딪혔을 때, 우리가 느끼는 것은 지팡이를 쥔 손의 표면상의 자극이다. 그러나 지팡이를 쓰는 데 익숙한 사람은 그때 "손에 무언가를 느꼈다"고 생각하지 않고, 지팡이 끝에 있는 장애물을 감지한다. 이때 손에서 느끼는 자극은 근접항, 지팡이 끝의 물체는 원격항이 된다. 앞에서 언급한 용어를 쓴다면, 근접항은 징후로, 원격항이라는 원인계가 발생시킨 징후가 된다. 폴라니에 따르면 포괄적 이해는 이 두 항의 결합, 즉 투사projection가 일어났을 때 생긴다고 한다. 현재 나는 이 투사 연구에 몰두하고 있다. 다만 이에 대해서는 별도의 기회에 보고하겠다.

그리고 포괄적으로 이해되었을 때는 근접항이 암묵화된다. 다시 말해 의식의 위로 그것이 떠오르지 않게 된다. 암묵화된 지식은 자기 몸의 일부처럼 작동한다는 의미에서 신체화되어, 필요할 때 상황에 대응하면서 거의 무의식적으로 작동하게 된다.

그와 더불어 자신은 원격항 속에 던져진다. 다시 말해 그 세계 안에 정착dwell in하게 된다. 나아가 대부분의 경우, 원격항 자체도 실은 더 많은 원인계가 만들어낸 근접항, 곧 징후다. 그러한 세계가 여러 겹으로 펼쳐진다. 다시 말해 인식이 심화되어간다는 것이다.

그러나 무리하게 근접항에 주목하다 보면, 원격항을 지각할 수 없게 되어버린다. 지팡이를 쥔 손바닥의 감각에 주의를 기울이다 보면, 그 감각을 제공한 원격항은 의식에서 멀어진다. 지팡이를 써본 경험이 있는 사람은 적을 것이므로 좀 더 알기 쉬운 예를 제시해보겠다.

나는 글을 쓸 때 오자와 탈자가 많은데(변환 실수 때문이지 한자를 몰라서가 아님을 밝혀둔다), 정정할 때는 문장의 의미가 이미 알 수 없게 바뀌고 말았던 일이 자주 있다. 다시 말해 글이나 문장 전체가 아니라 그것을 구성하는 근접항에 주의를 기울임으로써 전체를 나타내는 원격항이 보이지 않게 되는 것이다. 폴라니는 이것을 "(부분, 곧 근접항에 주의를 기울이면) 의미는 모두 우리 자신에게서 멀어져가는 경향을 지닌다"고 말하고 있다.

이것을 염두에 두고 스몰 스텝 방식의 교육에 대해 생각해보자. 실은 세분화된 요소 목표를 달성하는 것은 원래 목표를 달성하기 위한 '징후' 혹은 '근접항'에 불과하다. 세계에는 그것을 만들어내는 원인계(원격항)가 존재한다. 또한 원격항 안의 각 요소는 학습자에게 어떤 종류의 징후를 제공하는데, 그것은 그 안의 각 요소의 복잡한 상호의존과 인과관계에 따른 네트워크의 산물이다. 이를 무시하거나 혹은 관련성을 생각하지 않고 징후의 습득에만 전념할 경우에는, 인위적으로 감기의 증상이 나타나게 되었다고 해서 감기에 걸린 게 아닌 것과 마찬가지로, 징후만 여기저기 있을 뿐 진정한 이해는 할 수 없게 된다. 원격항의 존재를 모른 채 근접항에만 특화된 학습이 진행될 경우에는, 형식적으로 결과만 모방하게 된다. 이것은 융통성이 없는, 다시 말해 전이의 가능성이 없는 학습이 된다.

내 연구실에는 간호교육 전공 교수인 물리치료사[理学療法士]가 있는데, 이러한 의료 관련 인재 양성 기관에서는 체크리스트check-list 방식이 크게 유행하고 있다고 한다. 먼저 학습해야 할 것을 분해하고 세분화해서 그것을 표로 만든다. 그리고 교수와 학생은 이것을 가지고 학습한 것, 경험한 것, 앞으로 해야만 할 것을 간단히 파악할 수 있다고 한다. 그 수는 방대하다. 어떤 간호사 양성 기관의 체크리스트를 세어보면 150개를 넘는 항목이 나열되어 있기도 하다. 그러나 지금까지 살펴본 내용을 바탕으로 생각해보면, 이러한 교육은 근접항에 너무 특화되어 있어 원격항인 환자의 모습이나 환자의 생활을 볼 수 없게 만들 위험성이 높다. 실제로 현장실습에서 어떤 환자가 있는 곳에 간 학생은 거기에만 집중해서 환자의 이불이 미끄러져 떨어질 것 같아도 전혀 신경 쓰지 않는다고 한다. 이 책의 관점에서 말하자면, 다른 사람이 간 선로 위를 흔들림 없이 단일한 방법으로 나아가는, 창발과는 완전히 동떨어진 학습이 이루어지고 있는 것이다.

체크리스트에 나오는 '제대로 가르친다'는 교육은 하는 측도 받는 측도 어쩐지 만족한다. '여기까지 했다', '여기를 통과', '다음 과제는 뭔가?' 같은 분위기에 젖기도 한다. 그러나 이것은 '교육 흉내'에 빠질 위험성이 높다.

도제제도에서 배우다

이 교육 흉내를 벗어날 길은 있는 것일까? 무엇이 징후나 근접항을 넘어선 교육을 가능하게 할 것인가? 단지 우리는 포기하고 멈춰 설 수밖에 없는 것일까? 물론 현시점에서 이에 대한 명확한 해답이 있는 것은 아니지만, 학교와는 다른 상황에서 이루어지는 교육과 거기에서 어떻게 학생이 성장하는지 살펴보는 것은 도움이 될지도 모른다.

교육철학자인 이쿠타 구미코生田久美子는 일본 전통예능 기술의 획득과 숙달의 과정을 검토해, 거기에는 학교 교육과 전혀 다른 원리가 작동하고 있음을 지적하고 있다. 그에 따르면, 이 학습의 과정은 모방·반복·숙달의 길을 걷는다고 한다. 그리고 그 길은 비분할적인 것이 특징이라고 한다. 일본무용에서 우선 처음에 오른손을 흔드는 동작이 있다고 한다. 그런데 이 연습을 3일간 하고, 다음 동작을 4일간 하는 식으로 학습이 진행되지는 않는다. 다시 말해 학습자(제자)는 스승이나 선배의 행동의 '요소화되지 않는 전체'를 관찰한 후 그것을 모방한다. 거기에는 기초도 응용도 존재하지 않는다. 다시 말해 처음부터 목표로 하는 전체상이 제시되고, 그것을 향해 연습을 쌓아가는 것이다. 이것은 '학교에서 하는 학습이 왠지 모르지만 장래에 필요하게 될 것이다'라는 형태로 진행되는 것과는 대조적이다.

또 하나의 특징으로서 평가가 불투명하다는 점이 지적되고 있다. 스승에게 받는 피드백은 대부분의 경우, 단순하게 "안 돼", "좋아"라는 매우 불투명한 것뿐이다. 무엇이 안 되는(혹은 좋은) 것인지, 왜 안 되는(혹은 좋은) 것인지가 직접적으로 지적되는 경우는 드물다고 한다. 이렇게 불투명한 피드백을 받는 중에, 학습자는 무엇이 자신의 문제이고, 그것을 위해서는 무엇을 해야 할지 스스로 탐색하지 않으면 안 된다. 이쿠타는 이 과정을 "학습자 스스로가 습득하는 과정에서 목표를 만들어내며, 그것을 확대하고 풍성하게 해서 자신이 계속 만들어가는 목표에 따라 단계를 설정한다"고 설명하고 있다(生田久美子, 『「わざ」から知る』, p. 16).

제자는 스승이 만들어내는 세계에 잠입하려 하지만 처음에는 잘되지 않는다. 거기서 자신 속의 자원과 상황이 제공하는 애매한 자원에 흔들리고 탐색하면서 새로운 목표를 만들어내는 창발적인 학습이 이루어지고 있다고 생각된다. 이러한 관점에서 살펴보면, 대학 교육의 평가지표처럼 달성의 정도를 세세하게 정의해 그것을 알기 쉽게 학습자에게 전달하는 방법은 학습자 자신이 목표를 세우고 확대하는 것을 방해할 수 있다는 점을 알 수 있다.

사실을 말하면, 내가 대학원생이었던 시절의 은사는 앞에서도 등장한 사에키 유타카였는데, 이분도 그야말로 전통예능의 스승과 같은 선생님이었다. 내가 필사적으로 생각해낸 좋은 아이디어를 선생님에게 가지고 가서 이야기하기 시작하면 선생님은 금방 잠들어버린다(일대일 대면에서 말이다!). 보고가 끝나면, 선생님은 매우 기분이 안 좋은 얼굴을 하고 "네, 수고했습니다"라는 말만 했다. 나는 무엇이 잘못되었는지조차 모른다. 그러나 거기서부터 무엇이 잘못되었는지 필사적으로 생각한 다음 수정하는 작업이 시작된다(물론 그대로 폐기하는 경우도 적지 않지만). 하여튼 이러한 지도(?)는 지금의 나를 지탱하고 있기에 깊이 감사하고 있다.[8]

두 가지 모방과 추론

이러한 내용을 쓰면, 하고 있는 것은 어차피 모방이다, 그러

---

8 그분의 명예를 위해 덧붙이는데, 선생님이 재미있다고 생각하는 연구를 내가 보고했을 때에는, 무엇이 훌륭한지를 한 시간 정도 혼자 연기하는 것처럼 말하곤 했다. 날아갈 듯 기쁜 시간이었다. 그렇게 칭찬받았던 것은 나의 60여 년 생애 속에서 그 외에 한 번도 없다. 그러나 그 해설이 너무나 어렵고 길어서 무엇이 좋았는지도 알 수 없었기에, 결국 "수고했습니다"라는 말을 들었을 때와 마찬가지로 어찌할 바를 몰랐다.

면 안 되는 것 아니냐는 반론이 들려올 것 같다. 확실히 모방은 모방이지만, 사에키 유타카에 따르면 서로 구별해야 할 두 가지 모방이 있다. 하나는 '결과모방'이라는 것이다. 이것은 어쨌든 똑같이 하는 것 그 자체가 목적이 되는 모방으로, '처음은 이것', '다음은 이것' 등등 근접항 수준의 모방을 만들어낸다. 다른 하나는 '원인모방'이다. 이것은 그 기술이 만들어지는 원인, 즉 원격항을 흉내 내는 것으로, 결과적으로 연기 그 자체를 흉내 내게 된다. 이것은 근접항을 만들어내는 원격항에 초점을 맞춘 모방이라고 말할 수 있을 것이다. 이쿠타는 전자를 '가타치形', 후자를 '가타型'라고 불러 구별하고 있다.

이 관계를 198쪽 [그림 6-2]에 표시해보았다. 왼쪽 중앙에 '실제 경험'이 있다. 거기서부터 스몰 스텝으로 잘라 그것을 언어로 전달하면, 왼쪽 위로 간다. 이것은 표면적인 현상을 그대로 옮겨 적는 것과 같은 '가타치'의 추출에 불과하게 된다. 그리고 어떤 상황에서도 같은 순서로 그것을 반복하려 한다. 이것은 결과모방이다.

한편 잠입과 정착을 통해 실제 경험의 배후에 있는 원리(원격항), 곧 '가타' 수준의 것의 추출이 촉진된다. 그리고 이러한 것이 만들어지면 상황에 따라 여러 종류의 모방을 만들어내는 것, 곧 원인모방이 가능하게 된다.

이러한 두 가지 서로 다른 모방을 만들어내는 것은 '공유

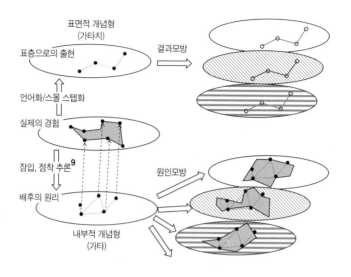

[그림 6-2] **결과모방과 원인모방, 가타치와 가타의 습득**

鈴木宏昭・横山拓, 「コトバを超えた知を生み出す―身体性認知科学から見た
コミュニケーションと熟達」,『組織科学』49, pp. 2~15, 2016.

경험의 유무'다. 앞에서 말했듯이 스승은 입주 제자[內弟子]
에게는 말로는 거의 아무것도 전하지 않는다. 기껏해야 제
자로서는 이해할 수 없는 추상적인 비평을 하는 정도다. 제
대로 배울 수 있는 것은 오히려 통학하는 제자 쪽이다. 입주
제자는 가사나 여러 가지 잡무를 처리하지 않으면 안 된다

9　내부로 흡수·소화되어, 그 대상이 점진적으로 인식되는 정도에 맞추어 발생하는
추론을 가리킨다―옮긴이.

는 조건이 더해져, 통학하는 제자보다도 불리한 조건에 놓이는 것처럼 보인다. 그러나 입주 제자는 정식 수업의 기회가 적은 대신에, 그 외의 일에 접할 기회가 압도적으로 많다. 가사를 하면서도 스승이 다른 제자를 가르치는 소리를 저절로 듣게 된다. 스승의 식습관이나 일상생활을 영위하는 호흡의 리듬을 체험한다. 이렇게 생활의 거의 전부를 스승과 함께함으로써, 몸 전체로 스승의 예술이나 발언이 의미하는 것, 즉 원인계를 자연스럽게 이해할 수 있게 된다. 이러한 형태의 학습은 학교를 기반으로 한 흔하게 상상되는 학습과는 질적으로 전혀 다른 것이 된다. 여기에서 학습자와 교사의 관계는 학교에서 보이는 것과 같이 역할이 고정된 것이 아니라 같은 공동체의 구성원이 된다.

지식경영, 지식관리의 창시자인 노나카 이쿠지로野中郁次郎는 이러한 것을 다른 방식으로 말하고 있다. 여기서는 그가 언급한 산토리의 캔커피 '보스BOSS'의 개발 사례를 참조한다. 1990년대 초까지 산토리의 캔커피는 별로 인기가 없었다. 개발 담당자들은 시장조사를 통해 하루에 캔커피를 몇 잔 이상이나 마시는 헤비 유저heavy user의 중요성을 깨달았다. 그러나 그것만으로는 "마시기 편하다", "뒷맛이 깔끔하다", "물리지 않는다" 같은 극히 추상적인 요건밖에 드러나지 않는다. 이것은 '표면적 개념'이라고 불린다. 그래서 그들은 헤비 유저의 직장에 실제로 찾아가, 긴 시간을 들여 소비자와 경험을 공유했다. 그 결과 헤비 유저의 인물상이 명확하게 만들어져, 그들이 언제 어떠한 상황에서 캔커피를 마시는지, 어떤 커피가 그들에게 어울리는지, 즉 '내부적 개념'이 구체적으로 파악되었다.

노나카는 현장에 잠입해 그 원인계를 찾는 것을 '추론'이라고 불렀다. 이러한 것이 이루어지면, 소비자의 평균치에서는 생기지 않는 '여러 가지 상황에서 다양한 사람이 캔커피를 마시는 장면'이 내적으로 형성되어, 거기에 맞는 적절한 판매 전략이 뒤따르게 된다. 정확한 매출은 모르지만, 2022년 현재에도 보스 브랜드의 커피는 매출 1위 혹은 그에 가까운 위치에 있다.

물론 처음부터 원격항이 보이는 것을 기대할 수는 없다. 그러므로 학습의 초기에는 근접항에 주의를 기울여 '가타치'의 모방부터 시작할 수밖에 없다. 그러나 거기서 스스로 묻고 목표를 만들지 않는다면 '가타'는 습득할 수 없다.

배움을 지탱하는 동기, 그리고 교사란

목표를 스스로 만드는 것은 결코 간단한 일이 아니다. 대학에서 전통예능과 같은 모방을 강요하고, 그것에 불투명한 피드백을 한다면, 학생은 배움을 포기하거나 투서할지도 모른다. 그렇다면 무엇이 전통예능 학습자의 곤란한 배움을 지탱하고 있는 것일까?

이와 관련해 이쿠타는 마르셀 모스Marcel Mauss의 위광모방威光模倣 개념을 도입한다. 위광이란, '개개의 모방자에 대해 질서 있고 권위 있는 증명된 행위를 하는 사람'(モース, 『社会学と人類学 Ⅱ』, p. 128)이 방출하는 것이다. 모방자, 곧 집단의 새로운 구성원은 이 행동과 동작을 관찰하면서 그에게 위광을 느껴 그것이 동기가 되어 모방한다. 이쿠타는 이것을 강제적인 모방이 아니라, 어디까지나 학습자가 스스로 하는 가치판단과 상대를 '좋은 사람'으로 보는 것을 바탕으로 하고 있다고 말한다.

같은 지적은 사회학자인 미야다이 신지宮台真司도 하고 있다. 그는 학습의 동기로서, 통상 자주 언급되는 '경쟁'(다른 사람에게 이기고 싶다)이나 '이해'(알고 싶다)에 더해, '감염동기感染動機'라는 것을 들고 있다. 이것은 특정한 인물을 경애해서 그 인물처럼 되고 싶다거나 그 인물처럼 생각하고 싶다는 유형의 동기다. 왜 감염이라는 단어를 썼는지 말한다면, 스승은 그 분야에서 발생한 '균菌'에 감염되어 반쯤 병(?)에 걸린 것과 같은 상태이며, 스승을 존경하는 제자는 자신도 그 균에 감염되고 싶다고 생각하기 때문이다. 미야다이는 감염동기에 기반을 둔 학습이 그것을 학습하는 것 자체가 기쁨이 된다는 내적 동기에 기반을 둔 학습을 만들어낸다고 말한다.

　나는 교직과목을 담당하는 학과에 소속되어 있다. 그래서 추천입학시험[한국의 수시]의 면접도 오래 해왔다. 지원자의 대부분은 교원을 지망하는데, 그들의 지망동기에 십중팔구 포함되는 것으로 훌륭한 교사와 만났다는 사연이 있다. 어떤 교사의 훌륭한 모습을 마주하고 그 위광을 느낀 것이다. 그것이 그들을 3K가 문제가 되는 학교 현장으로 향하게 하는 것이다.[10]

　교사 자신이 훌륭하지 않아도 좋을 것이다. 인류 역사에는 위인, 훌륭한 발견, 아름다운 이론 등이 얼마든지 있다. 그리고 세계에는 신기한 것, 극복하지 않으면 안 되는 문제 같은 것도 얼마든지 있다. 그러한 것들의 도움을 받으면서, 학습자에게 꼼수나 단순한 사실(근접항)을 전달하는 것이 아니라, 그 너머에 있는 것(원격항)을 향하도록 하는, 그러한 높은 눈높이를 가진 모습이야말로 학습자가 입주해서 지식을 구축하도록 만드는 것이다. 이를 위해서는 교사 자신이 탐구를 사랑하는 탐구자가 되지 않으면 안 되며, 멀리 내다보아야 한다.

　동기와 관련해서 한 가지 더 언급해둘 것이 있다. 그것은

10　일본에서는 힘들다キツい, 더럽다キタない, 위험キケン의 각 단어의 앞 글자의 영어 표기가 K이므로 3K라고 부른다―옮긴이.

폴라니가 지적하고 있는 것인데, 바로 학습자의 지적 협력이다. 교육은 말할 것도 없이 상호작용하는 과정이다. 그러므로 교사 측이 일방적으로 노력하더라도 교육은 성립하지 않는다. 그것은 단순히 정보전달에 불과하다. 학생이 교사가 주는 정보에 대해 <u>스스로</u> 움직여, 파고들고(신체화한다) 확대해(관련짓는다), 그것을 활용하면서 생각한다, 그러한 구축을 위한 노력 없이는 지식이 만들어지지 않는다. 또한 그러한 협력을 통해 교사에게도 인지적 변화가 일어난다. 내게도 그러한 경험이 있다. "무리일 거야", "이런 것이 가능할 리가 없어"라고 생각하고 있었는데, 도전하는 학생의 모습을 보고 내가 눈뜨게 된 경험이 몇 번이나 있다. 교육이란 그런 것이라고 생각한다. 교육이란 단순히 알고 있는 내용을 정리해 전달할 뿐인 활동이 아니다.

요점정리와 주의사항

이 장에서는 창발적 관점에서 현재의 교육을 보았을 때 드러나는 것, 특히 그 문제점을 언급했다. 많은 사람이 생각하고 일부 연구자들도 공유하는 교육의 소박이론은 창발적 학습을 저해한다는 것이다. 누군가가 깔아놓은 레일 위를 가능한 한 흔들리지 않고 나아가게 만들기 위해, 문제를 사전에 준비하고 그 해결에 필요한 사항을 기초부터 순서대로 나열한다. 학습자는 목적지도 모르면서 묵묵히 그 레일 위를 나아간다. 그리고 그러한 길을 걷지 않는 교육을 하는 교육기관(즉 대학을 가리킨다)에 대해 "제대로 하라"고 호령하며, 공장의 제품 생산과 같은 시스템의 도입을 시도하고 있다. 이러한 모습은 3장, 4장, 5장에서 보아온 창발과는 전혀 상반된 것이다. 다양한 자원에 따른 흔들림은 배제되고 획일적인 자원과 그 숙달의 정도와 속도만을 다루고 있다.

이러한 교육은 앞으로의 시대를 살아가는 사람에게 적당하지 않다고 생각한다. 특히 일본과 같은 나라에서는 새로운 가치를 만들어내는 것이 급선무이기 때문이다. 규격화된 교육을 통해 만들어지는, 이른바 '기초학력'만으로는 임금이 터무니없이 낮은 타국에 일을 전부 빼앗겨버리게 될 것이다. 무엇인가를 새롭게 만들어낸다, 곧 창발시키기 위해서는 창발적 관점을 도입한 교육이 필수라고 생각한다. 하긴 일본의 임금은 최근에 계속 낮아져 OECD 가맹국의 평균보다 낮게 되었으므로, 이대로 간다면 단순노동 일거리도 타국에 빼앗길 걱정은 없다고도 말할 수 있다(이것은 물론 비꼬는 말이다).

당연히 많은 반론이 있다고 생각한다. 특히 이 장과 관련해서 말해보면 "비판만 하고 대안이 없다"는 반론이 있을지도 모른다(제시하기는 했지만 충분하지는 않을 것이다). 그러나 대안이 없다고 비판해서도 안 된다는 것은 꽤 난폭한 의견이지 않을까? 맛없는 음식이 나왔다면, 맛있게 조리하는 방법을 몰라도 "맛없다"고 말할 수 있는 것이다. 맛없는 것은 맛이 없기 때문이다.

그 밖에도 "기초도 중요하다", "도제제도 따위가 가능할 리 없다", "연구 수준의 이야기를 의무교육의 현장에서 하지 말라"는 반론도 있을 것이다. 지금까지도 그러한 비판을 몇 번이나 마주해왔다. 그것들에는 전혀 공감할 수 없으나, 어느 정도 일리가 있다는 점에는 동의한다.

다만 여기서 제공하고자 했던 것은 '머리말'에서 언급했듯이, 창발이라는 이름의 안경이다. 돋보기를 쓰면 가까이 있는 것은 잘 보이지만, 멀리 있는 것은 잘 안 보이게 된다. 그것과 마찬가지로 이 책이 지금까지 제공하고자 한 안경을 쓰지 않으면 보이지 않는 현실이라는 것도 있으며, 한편으론 안경을 썼기 때문에 잘 보이지 않게 되는 것도 있다.

독자 여러분은 창발이라는 이름의 안경을 쓰거나 벗거나 혹은 다른 안경을 씀으로써 교육의 여러 측면을 관찰하면서 자신만의 문제를 발견하고 그 해결방법을 창발시키기를 바란다.

참고문헌과 추천도서

1장

1장은 다음의 책을 기반으로 하며, 특히 이 책의 1장을 중심으로 했다.

鈴木宏昭, 『類似と思考改訂版』, ちくま学芸文庫, 2002.

일반적 은유나 개념적 은유와 관련해서는 다음의 책들을 추천한다.

ジョージ・レイコフ, マーク・ジョンソン, 『レトリックと人生』, 渡部昇一他 訳, 大修館書店, 1986.

ジョージ・レイコフ, 『認知意味論—言語から見た人間の心』, 池上嘉彦他 訳, 紀伊國屋書店, 1993.

수학적 사고의 부분에서 등장한 문제 예시들은 다음의 책을 참고했다.

ゲルト・ギーゲレンツァー, 『数字に弱いあなたの驚くほど危険な生活—病院 や裁判で統計にだま されないために』, 吉田利子 訳, 早川書房, 2003.

2장

2장은 아래 두 권에 기초해서 진행되었다.

鈴木宏昭, 『教養としての認知科学』, 東京大学出版会, 2016.

鈴木宏昭, 「実体ベースの概念からプロセスベースの概念へ」, 『人工知能学会 誌』, 31巻1号, 2016.

여기서 제시한 지식관은 상당 부분(특히 2장의 전반 부분)이 아래 도서의 주장과 겹친다.

今井むつみ, 『学びとは何か—〈探究人〉になるために』, 岩波新書, 2016.

그녀의 책에서도 기억과 지식의 차이를 논하고 있으며, 그녀가 제시한 도너 케밥 모델ドネル ケバブ モデル은 지식의 전달 가능성에 대해 비판적으로 서술한 2장 의 전반과 일치한다.

신체화된 지식과 다감각지각 시뮬레이션에 관해서는 다음의 책을 추천한다.

フランシスコ・ヴァレラ, エレノア・ロッシュ,エヴァン・トンプソン, 田中靖夫 訳,『身体化された心ー仏教思想からのエナクティブ・アプローチ』,工作舎, 2001.

レベッカ・フィンチャー＝キーファー, 望月正哉・井関龍太・川崎惠理子 訳,『知識は身体からできているー身体化された認知の心理学』, 新曜社, 2021.

경험적 지식과 관련해서는 앤디 클락Andy Clark라는 영국의 철학자를 먼저 거론하고 싶다. 그는 최첨단 인지과학·인공지능의 성과와 철학적 고찰을 절묘한 균형을 지키며 융합해, 새로운 인간의 모습과 지식의 형태를 그려내고 있다. 꼭 추천할 책으로는 다음의 두 권이 있다.

アンディ・クラーク, 池上高志・森本元太郎監 訳,『現れる存在ー脳と身体と世界の再統合』, ＮＴＴ出版, 2012.

アンディ・クラーク, 呉羽真他 訳,『生まれながらのサイボーグー心・テクノロジー・知能の未来』, 春秋社, 2015.

또한 인지와 세계가 연결되어 지식을(그리고 착각을) 만들어낸다는 다음의 책도 중요하다.

スティーブン・スローマン、フィリップ・ファーンバック, 土方奈美 訳,『知ってるつもり。ー 無知の科学』, ハヤカワ文庫, 2021.

이들 중 그 어떤 책도 심리와 관련된 견해를 근저에서부터 뒤집어엎는 듯한 식견을 제공해준다. 그 밖에 본문에서 조금만 다루었던 협동, 대화, 문화와 관련해서는 다음의 책이 있다.

白水始,『「対話力」ー仲間との対話から学ぶ授業をデザインする!』, 東洋館出版社, 2020.

ジョセフ・ヘンリック, 今西康子 訳,『文化がヒトを進化させたー人類の繁栄と〈文化ー遺伝子革命〉』, 白揚社, 2019.

3장

3장은 다음의 논문에 기초해서 작성했다.

鈴木宏昭・竹葉千恵・大西仁,「スキル学習におけるスランプ発生に対する事例分析的アプローチ」,『人工知能学会論文誌』23巻, 2008.

안타깝게도 이 책에서 언급한 바와 같은 미시적이고 의식화할 수 없는 변화를 일반적인 차원에서 해설하는 책은 별로 없지만, 아래 책의 몇 개의 장은 이 장에서 다루었던 내용과 깊이 관련되어 있다.

サンドラ・ブレイスリー, マシュー・ブレイクスリー, 小松淳子 訳, 『頭の中の身体地図ーボディマップのおかげで、たいていのことがうまくいくわけ』, インターシフト, 2009.

반면 거시적 차원에서 숙련의 과정을 풀어내는 책은 몇 권 있다. 아래는 내가 특히 좋아하는 책이다.

ジョッシュ・ウェイツキン, 吉田俊太郎 訳, 『習得への情熱ーチェスから武術へ』, みすず書房, 2015.

이 책의 저자는 전미全美 체스 챔피언이면서 태극권의 세계 챔피언이라는 믿기 힘든 경력의 인물이기도 하다. 그의 자기관찰에 따른 분석은 매우 깊으며, 심지어 심리학의 이론도 참고하고 있다.

그 밖에 숙달에 대해서는 이 장의 목표나 핵심과는 그 결이 다르지만, 6장에서 등장하는 이쿠타의 서적 등이 도움이 될 수 있겠다.

4장

4장은 다음의 문헌을 기초로 작성했다.

鈴木宏昭, 鈴木宏昭 編, 「学習と発達における揺らぎ」, 『知性の創発と起源』, オーム社, 2006.

발달심리학은 아이 시절에 발생하는 극적인 변화를 다룬다는 측면에서 매력적인 서적이 많이 나와 있다. 여기서 이 책의 요지와 겹치는 부분이 많은 책은 다음과 같다.

1. エスター・テーレン, リンダ・スミス, 小島康次監 訳, 『発達へのダイナミックシステム・ア プローチー認知と行為の発生プロセスとメカニズム』, 新曜社, 2018.
2. 外山紀子, 『生命を理解する心の発達ー子どもと大人の素朴生物学』, ちとせプレス, 2020.

1번은 발달이 신체, 행위, 환경으로부터의 창발 시스템 그 자체를 의미함을 최초로 언급한 기념비적인 책이다. 다만, 책의 전문성이 매우 높다. 그리고 2번은 아이의 '생명이해의 발달'을 이 책과 유사한 '자원의 병존'을 통해 그려냈다.

5장

5장은 다음의 자료들에 기초해서 작성되었다.

鈴木宏昭・開一夫,「洞察問題解決への制約論的アプローチ」,『心理学評論』
　46巻, 2003.

鈴木宏昭,「創造的問題解決における多様性と評価—洞察研究からの知見」,
　『人工知能学会論文誌』19巻, 2004.

横山拓・鈴木宏昭,「洞察問題解決におけるメタ学習」,『認知科学』25巻,
　2018.

창발과정과 그 메커니즘에 관해서는 현대적인 식견을 잘 정리한 책이 없었지만,
최근 다음과 같은 책이 나왔다.

阿部慶賀, 創造性はどこからくるか—潜在処理, 外的資源, 身体性から考える
　(越境する認知科学2)』, 共立出版, 2019.

이것은 그 부제에서도 나타나듯이 2장에서 살펴본 '신체성'·'환경'과 깊이 관계된
주제를 다루고 있다.

※ [그림 5-2]의 정답은 왼쪽부터 '제題', '결決', '중重'이다[문제의 정답은 일본어
일 때만 맞아떨어진다. 우리말로 번역된 상태에서는 부합하지 않는다].

6장

6장은 아래 책을 기반으로 했으며, 일부 블로그의 내용을 종합했다.

鈴木宏昭・横山拓,「コトバを超えた知を生み出す—身体性認知科学から見た
　コミュニケーションと熟達」,『組織科学』49巻, 2016.

鈴木宏昭,「教育ごっこを超える可能性はあるのか?—身体化された知の可
　能性を求めて」,『大学教育学会誌』39巻, pp. 12~16, 2017.

내 은사인 사에키 유타카의 책은 매우 많은데, 이번 장과 관련해서 다음의 책을 추
천한다.

佐伯胖,『「学び」の構造』, 東洋館出版社, 1975.

佐伯胖, 『イメージ化による知識と学習』, 東洋館出版社, 1978.

두 권 모두 옛날 책이지만, 그 내용은 전혀 '옛날'이 아니다. 그리고 잊어서는 안 되는 것이, 이쿠타 구미코에 따른 기술의 습득과 관련된 다음의 책이다.
生田久美子, 『「わざ」から知る(コレクション認知科学)』, 東京大学出版会, 2007.
生田久美子 · 北村勝朗 編, 『わざ言語─感覚の共有を通しての「学び」へ』, 慶應義塾大学出版会, 2011.

그 밖에 이번 장에서 다룬 책은 다음과 같다.
宮台真司, 『14歳からの社会学─これからの社会を生きる君に』, ちくま文庫, 2013.
野中郁次郎 · 紺野登, 『知識創造の方法論』, 東洋経済新報社, 2003.
マイケル · ポランニー, 高橋勇夫 訳, 『暗黙知の次元』, ちくま学芸文庫, 2003.
鈴木宏昭 編, 『プロジェクション · サイエンス─心と身体を世界につなぐ第三世代の認知科学』, 近代科学社, 2020.

학습의 비밀

엉터리 가르침과 배움을 넘어 교육의 본질 찾기

2024년 3월 29일 초판 1쇄 발행

지은이 | 스즈키 히로아키鈴木宏昭
옮긴이 | 주동진
펴낸곳 | 여문책
펴낸이 | 소은주
등록 | 제406-251002014000042호
주소 | (10911) 경기도 파주시 운정역길 116-3, 101동 401호
전화 | (070) 8808-0750
팩스 | (031) 946-0750
전자우편 | yeomoonchaek@gmail.com
페이스북 | www.facebook.com/yeomoonchaek

ISBN 979-11-87700-04-3 (03370)

여문책은 잘 익은 가을벼처럼 속이 알찬 책을 만듭니다.